HONG-KONG

Gauche **Star Ferry** Centre **Marché aux oiseaux** Droite **Vue du Peak**

Libre Expression
QUEBECOR MEDIA

Direction
Cécile Boyer-Runge

Direction éditoriale
Catherine Marquet

Édition
Catherine Laussucq
Avec la collaboration d'Aurélie Pregliasco
et de Krysia Roginski

Traduit et adapté de l'anglais par
Véronique Dumont et Cécile Beaucourt

Mise en pages (PAO)
Maogani

Ce guide Top 10 a été établi par
Liam Fitzpatrick, Jason Gagliardi
et Andrew Stone

Publié pour la première fois en Grande-Bretagne en 2002 sous le titre : *Eyewitness Top 10 Travel Guides : Top 10 Hong Kong*

Imprimé et relié en Italie par Graphicom

Sommaire

Les sites de Hong-Kong

Éditions Libre Expression
7, chemin Bates
Outremont (Québec)
H2V 4V7

Dépôt légal : 1er trimestre 2003
ISBN : 2-7648-0036-3

Le classement des différents sites est un choix de l'éditeur et n'implique ni leur qualité ni leur notoriété.

Aussi soigneusement qu'il ait été établi, ce guide n'est pas à l'abri des changements de dernière heure. Faites-nous part de vos remarques, informez-nous de vos découvertes personnelles : nous accordons la plus grande attention au courrier de nos lecteurs.

Gauche **Temple des Dix Mille Bouddhas** Centre **Lantau** Droite **Window of the World, Shenzhen**

Gauche **Panorama de Hong-Kong** Droite **Divinité gardienne du temple**

Pages suivantes **Central de nuit**

Bank of America

LES SITES DE HONG-KONG

TOP 10 À ne pas manquer

« Tel un rêve, Manhattan surgissant de la mer de Chine ? » Difficile de trouver plus juste que cette description concise de Hong-Kong par Pico Iyer, écrivain de voyage contemporain. Port de l'opium, enclave au cours de la guerre froide, aujourd'hui capitale financière à l'activité frénétique, elle n'a jamais laissé indifférent et incarne, dans un environnement urbain hallucinant, la fusion culturelle réussie entre l'Orient et l'Occident. Ouvrez les yeux et savourez.

1 Le Peak
Pour jouir d'une vue saisissante sur la ville, prenez le funiculaire jusqu'à Victoria Peak *(p. 8-9)*.

2 Statue Square
Au nord-est de l'île de Hong-Kong, le centre administratif de Statue Square, avec ses vestiges coloniaux et ses tours modernes qui rivalisent de beauté architecturale *(p. 10-11)*.

3 Hippodrome de Happy Valley
Un champ de courses à l'ombre des gratte-ciel : Happy Valley est le rendez-vous des turfistes de l'île *(p.12-13)*.

Star Ferry 4
Délaissez les tunnels ferroviaire et routiers reliant l'île de Hong-Kong à Kowloon et offrez-vous une traversée de la baie riche en émotions sur le mythique Star Ferry *(p. 14-15)*.

***Abréviations :* EP** *Entrée payante* **EG** *Entrée gratuite*
C *Climatisation* **PC** *Pas de climatisation*

5 Stanley

Au sud de Hong-Kong, l'ancien fort de Stanley, imprégné d'histoire coloniale et vestige de la Seconde Guerre mondiale, offre une diversion à la frénésie de la ville *(p. 16-17)*.

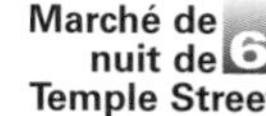

Marché de nuit de Temple Street 6

L'atmosphère frénétique de Kowloon atteint son paroxysme la nuit. Les rues de Yau Ma Tei sont le royaume des bonnes affaires *(p.18-19)*.

7 Heritage Museum

Près de Sha Tin, le meilleur musée de Hong-Kong vous fera découvrir l'héritage culturel et l'histoire naturelle de la région. Superbes présentations audio-visuelles *(p. 20-21)*.

Côte de Tai Long Wan 8

La côte déchiquetée de la péninsule de Sai Kung, dans les Nouveaux Territoires, abrite les plus belles plages *(p. 22-23)*.

9 L'île de Cheung Chau

Avec ses vestiges antiques, c'est la plus exquise des îles qui entourent Hong-Kong. *(p. 24-25)*.

10 Grand Bouddha et monastère de Po Lin

Au cœur de l'île montagneuse de Lantau, le monastère de Po Lin attire aussi bien les touristes que les religieux. On aperçoit à des kilomètres à la ronde l'imposante statue du Grand Bouddha, qui fait face au monastère *(p. 28-29)*.

Abréviations : **j.f.** *jour férié* **t.l.j.** *tous les jours*
AH *Accès handicapés* **PAH** *Pas d'accès handicapés*

TOP 10 Le Peak

Avec son panorama spectaculaire sur Hong-Kong, sa fraîcheur et ses paisibles promenades boisées, Victoria Peak séduit autant les touristes que les riches Hong-Kongais, qui vivent ici dans de somptueuses propriétés accrochées sur les pentes escarpées. Tracté par un câble unique, le funiculaire les gravit en moins de 10 minutes jusqu'au Victoria Gap ; il est impressionnant, mais il n'a jamais failli à sa mission !

Repas sur la terrasse

Le Peak Tram

Évitez de monter au Peak les jours de brume ou si les nuages sont trop bas : vos chances d'apercevoir la baie seraient nulles.

Au Cafe Deco, dans la Peak Tower, service de qualité, carte variée et décoration raffinée, mais si vous préférez une vue somptueuse sur la mer et Lamma, allez vous installer sur la jolie terrasse-jardin du Peak Lookout.

• Plan E5 • Peak Tram de 7h à 24h t.l.j.
• Aller simple/retour : 20/30 HK$ • Bus 15C depuis Central Star Ferry • 2849 7654
• www.thepeak.com.hk

Les sites

1. Peak Tower
2. Galleria
3. Peak Lookout
4. Barker et Plantation Roads
5. Pok Fu Lam Country Park
6. La maison la plus chère du monde
7. Victoria Peak Garden
8. Old Peak Road
9. Panorama depuis le sommet
10. Lugard et Harlech Roads

1 Peak Tower

Le funiculaire vous déposera dans ce centre commercial sans grâce – sa forme rappelle celle d'une enclume *(ci-dessous)* –, avec terrasse panoramique, boutiques, cafés et restaurants. Peu d'intérêt sauf pour les enfants, fans probables de l'attraction virtuelle du Peak Explorer, du musée de Cire de Mme Tussaud, ou du musée des horreurs, Ripley's Believe It Or Not.

2 Galleria

Si l'imposante Peak Tower s'harmonise mal avec la splendeur du site, sa Galleria offre un large choix de cafés et restaurants dotés de vues superbes sur le port, la ville et l'île de Lamma.

3 Peak Lookout

Un lieu haut de gamme avec un beau jardin en terrasse ; très prisé pour boire un verre ou déguster une cuisine de qualité dans une ambiance chaleureuse.

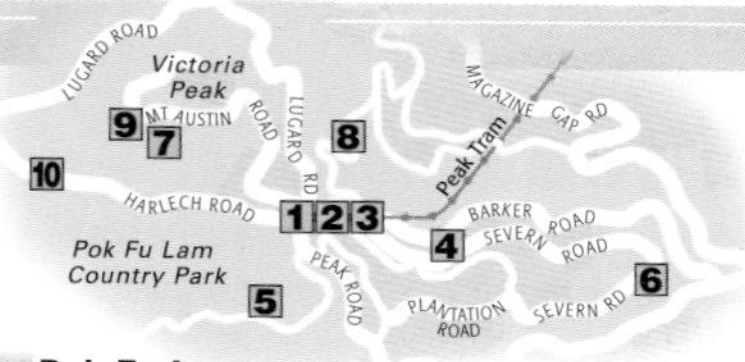

4 Barker et Plantation Roads

Promenez-vous sur ces routes non pavées, généralement paisibles, et vous apercevrez certaines des propriétés les plus luxueuses du Peak, dont celle du 23 Severn Road. La plupart jouissent d'une vue saisissante sur le port *(ci-dessous)*, mais ne rêvez pas : ici, le moindre 3 pièces vaut des millions !

5 Pok Fu Lam Country Park

Pour une promenade courte (1/2 h) et agréable, descendez par la Pok Fu Lam Reservoir Road. En bas, un bus vous ramènera en ville.

6 La maison la plus chère du monde

En 1997, une offre de 900 millions de HK$ pour la propriété du 23 Severn Road fut refusée. Erreur ! Quelques semaines plus tard, les prix chutaient. En 2001, elle était à peine estimée au tiers du prix.

7 Victoria Peak Garden

De beaux jardins d'accès difficile (la Mount Austin Road est pentue et le Governor's Walk interminable). Mais la récompense est au bout du chemin : la terrasse donne sur Lamma.

8 Old Peak Road

Le vieux sentier qui montait jusqu'au sommet du Peak avant l'apparition du funiculaire est agréable et ombragé. Attention, toutefois, à la circulation au pied de Peak Road. Détour possible, dans le bas, par Tregunter Path.

9 Panorama depuis le sommet

Le sommet est clôturé et occupé par des pylônes, mais la vue depuis les abords de Victoria Peak Garden est superbe *(ci-dessus)*.

10 Lugard et Harlech Roads

Pour profiter de la plus jolie vue du Peak sans vous fatiguer, empruntez le chemin circulaire, goudronné et ombragé, qui longe Lugard et Harlech Roads sur 3 km. Pour les joggers, une piste magnifique.

Le Peak Tram

Tracté uniquement par un câble d'acier le long d'une pente impressionnante pendant près de 10 minutes, ce funiculaire n'a jamais connu d'accident depuis sa mise en service en 1888. Ses perturbations les plus graves ont été causées par un violent typhon, en 1960, lorsque des torrents de boue ont emporté une partie de la voie.

TOP 10 Statue Square

Statue Square, dans Central, se situe au cœur de l'activité financière, politique, historique et sociale de Hong-Kong. Parmi les gratte-ciel étincelants de verre et d'acier qui l'entourent, subsistent quelques vestiges de l'époque coloniale, dont le superbe bâtiment néo-classique du Legislative Council, siège des discrètes manifestations hong-kongaises. Les adeptes du shopping, activité locale beaucoup plus populaire que la politique, trouvent leur bonheur dans les boutiques cossues qui lui font face.

Statue de Thomas Jackson

Tour de la Bank of China

Pour découvrir une vue aérienne saisissante du quartier de Central et du port, montez au 47e étage de la tour de la Bank of China.

Si vous voulez pique-niquer sur la place ou dans Chater Garden, faites un détour par le Cafe Shop du Mandarin Oriental situé à quelques pas : les pâtisseries, les gâteaux et les quiches y sont sublimes.

• *Plan L5*

Les sites

1. Bank of China
2. Centres commerciaux
3. Cenotaph
4. Chater Garden
5. Cour d'appel
6. Legislative Council
7. Mandarin Oriental
8. Statue de Thomas Jackson
9. Siège de la banque HSBC
10. Rendez-vous dominical

1 Bank of China

Avec ses 70 étages et sa hauteur vertigineuse de 368 m, l'imposant siège de la Bank of China, conçu par le célèbre architecte I.M. Pei et dominant l'immeuble de la HSBC, ne fait pas l'unanimité : selon les préceptes du *feng shui*, il projette des vibrations négatives sur les édifices environnants.

2 Centres commerciaux

Près de Statue Square, se dressent deux des centres commerciaux les plus luxueux, et bien sûr les plus chers, de Hong-Kong : le trépidant Landmark Center et le Prince's Building *(p. 63)*, plus paisible. Au cœur de ces temples dédiés à la consommation, on trouve les plus grandes marques, parmi lesquelles Armani, Gucci et Prada.

3 Cenotaph

Situé au nord de Statue Square, le Cenotaph, monument commémoratif *(à gauche)*, est dédié aux morts des deux guerres mondiales.

Immeubles modernes de Hong-Kong **p. 42-43**

4 Chater Garden

En dépit de la valeur immobilière inestimable du site – c'est ici que se dressait le Hong Kong Cricket Club – le Chater Garden, petit jardin parfaitement entretenu *(ci-dessous)*, surgit ici à la place d'un immeuble. Un lieu idéal pour se désaltérer ou se reposer. Entrée libre.

5 Cour d'appel

Derrière l'immeuble de la HSBC, ce joli bâtiment de brique rouge vieux de 150 ans, ancienne mission catholique française et première Governor's House de l'ex-colonie, abrite aujourd'hui l'un des tribunaux de Hong-Kong.

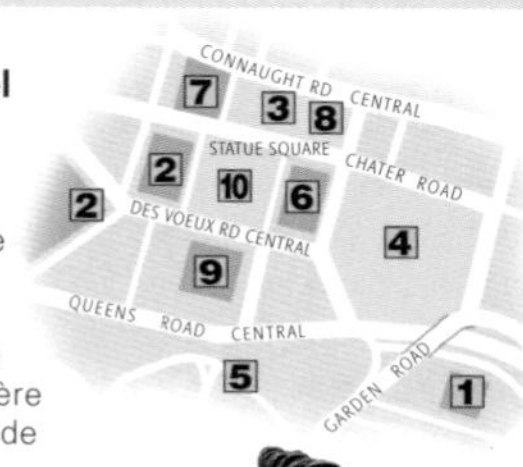

9 Siège de la banque HSBC

La création audacieuse de sir Norman Foster, réputée pour posséder le plus fort *feng shui* de Hong-Kong, est l'édifice le plus cher au monde (5 billions de HK$). Pour attirer la chance sur vous, caressez les pattes des superbes lions *(ci-dessus)* qui trônent devant l'entrée.

10 Rendez-vous dominical

Le dimanche, des centaines de jeunes Philippines et Indonésiennes, la plupart employées de maison, se rassemblent à Central.

Legislative Council 6

Parmi les derniers vestiges coloniaux de Hong-Kong, cet élégant bâtiment néo-classique du Legislative Council *(à droite)* où siégeait autrefois la Cour suprême, est devenu aujourd'hui le Parlement de la ville.

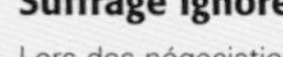

Suffrage ignoré

Lors des négociations sur la rétrocession *(p. 31)*, la Chine promit à Hong-Kong un Parlement aussi démocratique sous son autorité que sous celle des Britanniques (avec échanges et discussions, ce qui ne fut pas le cas). Quand Chris Patten, le dernier gouverneur, essaya d'introduire une plus forte représentation, les Chinois le traitèrent de « serpent » et de « prostitué ».

7 Mandarin Oriental

Il fut un jour l'un des immeubles les plus hauts de Hong-Kong. Aujourd'hui, si sa gracieuse façade semble engloutie par la circulation incessante, il compte toujours parmi les hôtels les plus raffinés de la ville.

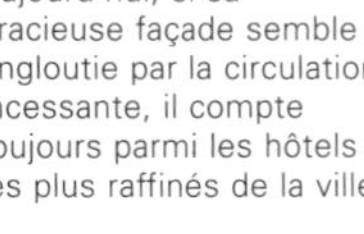

8 Statue de Thomas Jackson

L'une des dernières statues de Hong-Kong (celle d'un banquier du XIXe s.) se dresse sur Statue Square, qui reçut son nom après le déboulonnage de la statue de la reine Victoria par les Japonais.

Moments clés de l'histoire de Hong-Kong **p. 30-31**

TOP 10 Courses à Happy Valley

Acclamer les vainqueurs alors que la terre tremble sous les sabots des chevaux est un moment inoubliable et incontournable de la nuit hong-kongaise. Ancien marais, cette bande de terre plane, la plus large de l'île de Hong-Kong, est le théâtre de courses hippiques depuis 1846. Aujourd'hui, celles-ci se disputent à l'ombre des gratte-ciel qui scintillent dans la nuit et font de ce champ de courses le plus pittoresque au monde.

Un gagnant

Parade précédant la course

Si vous n'avez pas l'intention de passer toute la soirée à l'hippodrome, arrivez après les premières courses, lorsque l'entrée est libre.

Le Moon Koon Restaurant (2966 7111), situé au deuxième étage de la tribune principale, sert une cuisine correcte à des prix raisonnables. Mieux vaut réserver les soirs de courses.

- *À moins de 1 km au sud de Causeway Bay et Wanchai sur l'île de Hong-Kong • Plan P6*
- *Rencontres régulières les mer., sam., dim.*
- *Informations sur les courses au 1817*
- *www.hkjockeyclub.com*
- *Entrée 10 HK$*
- *Racing Museum 2966 8065, entrée libre*
- *Come Horseracing Tour 2366 3995, 120-490 HK$*

Les sites

1. Courses du mercredi soir
2. Grand écran
3. Racing Museum
4. Restaurant Moon Koon
5. Come Hoarseracing Tour
6. Squelette de Silver Lining
7. La foule
8. Les paris
9. Où parier
10. Jockey Club

1 Courses du mercredi soir

Les courses les plus saisissantes ont lieu le mercredi soir, deux fois par mois. Pour bien vous imprégner de l'atmosphère, prenez le tram bondé menant à Happy Valley en lisant l'édition du mercredi du *Racing Post*. En général, première course à 19 h 30.

2 Grand écran

Face à la tribune *(ci-dessous)*, l'immense écran retransmet les statistiques des dernières courses nécessaires aux turfistes pour coter les suivantes. Diffusion de courses en direct, rediffusions pour les distraits.

3 Racing Museum

Un petit musée impeccable. L'histoire des courses à Hong-Kong y est relatée, ainsi que celle de l'ancien commerce des prestigieux poneys mongols et chinois. On découvre aussi une belle collection d'objets d'art chinois célébrant le cheval. Ne pas combiner la visite avec une soirée à l'hippodrome : le musée ferme durant les courses.

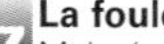

4 Restaurant Moon Koon

Pour jouir d'une vue fantastique sur le champ de courses tout en vous restaurant. Forfaits courses-repas.

7 La foule

Malgré sa capacité de 55 000 spectateurs, l'hippodrome de Happy Valley est souvent complet avant même le jour des courses. Pour profiter au mieux de la frénésie ambiante et avoir un bon angle de vue sur la ligne d'arrivée, glissez-vous dans l'espace situé le long du champ de courses.

9 Où parier

Pour parier, procurez-vous les tickets près des comptoirs situés à l'arrière de chaque étage de la tribune principale. Une fois les grilles remplies, allez les faire valider en apportant vos mises auprès de ces mêmes comptoirs, où vous irez ensuite récupérer vos gains si vous gagnez (il faut attendre quelques minutes après la course).

10 Jockey Club

Pour parier, demandez l'aide des employés du Jockey Club, aux cabines situées entre l'entrée principale et le champ de courses : ils sont serviables et d'excellent conseil. Ce club, dont les profits vont à des œuvres de charité locales, est la seule organisation autorisée à prendre des paris à Hong-Kong. La taxe collectée, menacée par les paris illégaux sur le net, constitue un pourcentage faible mais significatif des revenus du gouvernement.

5 Come Horseracing Tour

Splendid Tours propose le Come Horseracing Tour lors des courses des mercredi, samedi et dimanche. Le forfait comprend une entrée au club des membres, une boisson de bienvenue, un buffet et la présence d'un guide.

6 Squelette de Silver Lining

Silver Lining, le cheval le plus célèbre de Hong-Kong, fut le premier à remporter plus de 1 million de HK$. Son squelette est fièrement exposé dans une vitrine du Racing Museum.

8 Les paris

Il existe différents types de paris : le simple gagnant (sur le cheval vainqueur) ; le simple placé (sur un cheval en 1re ou 2e position, ou en 1re, 2e ou 3e position si la course comporte 7 chevaux ou plus) ; le jumelé gagnant (deux premiers chevaux), et le jumelé placé (deux des trois premiers) dans le désordre.

Le gain le plus important

En 1997, record mondial à l'hippodrome de Sha Tin avec un gain de 92 millions de HK$: pour une mise de 1,30 HK$, plus de 350 personnes empochèrent chacune 260 000 HK$.

TOP 10 Star Ferry

Le Star Ferry reliant Kowloon et Hong-Kong depuis 1888 est une institution chère au cœur de la population. Aujourd'hui, ses imposantes reliques vertes et blanches datant des années 1950 et 1960 enjambent toujours la baie, en dépit de l'apparition des tunnels ferroviaire et routiers, offrant un point de vue saisissant sur les gratte-ciel et la jungle des collines de l'île de Hong-Kong. Sensations garanties la nuit, lorsque le port brille de mille feux, et notamment lors des illuminations de Noël.

Jonque

Membres d'équipage du Star Ferry

Idéal pour se procurer des brochures, s'informer et acheter, entre autres souvenirs, des modèles réduits du Star Ferry : le bureau du HKTA dans le bâtiment du Star Ferry à Tsim Sha Tsui.

Au Pacific Coffee Company, à l'intérieur du terminal, café correct ou limonade bien fraîche à 10 HK$, à déguster avec les cookies gratuits de Mrs. Fields.

• Plan L5-M4 • Ferries de 6h30 à 23h30 t.l.j., toutes les 5 à 10 minutes • www.starferry.com.hk • 2367 7065

Les sites

1. Flotte
2. Équipage
3. Clock Tower
4. Trajets
5. Panorama sud
6. Victoria Harbour
7. Tourisme économique
8. Les ponts
9. Ocean Terminal
10. Panorama nord

1 Flotte

À l'origine, seuls quatre bateaux alimentés au charbon naviguaient entre Hong-Kong et Kowloon. La flotte est aujourd'hui constituée de douze navires diesels portant chacun le nom d'une étoile (avec la pollution et les illuminations, ce seront les seules que vous apercevrez du port !).

2 Équipage

Superbes sujets pour les photographes : les membres d'équipage portant encore les uniformes des marins d'autrefois, et ceux qui s'emparent sur les quais des cordes d'amarrage à l'aide de longs crochets.

3 Clock Tower

Près du Tsim Sha Tsui Star Ferry, la Clock Tower est le dernier vestige de l'ancienne gare ferroviaire de Kowloon, terminus romanesque des trains en provenance du continent, y compris du mythique *Orient Express*. Ils arrivent aujourd'hui à la gare plus banale de Hung Hom.

4 Trajets

Il existe quatre trajets reliant Tsim Sha Tsui à Central, Tsim Sha Tsui à Wanchai, Central à Hung Hom, Hung Hom à Wanchai.

6 Victoria Harbour

Fourmillant d'activités, le port de Victoria est la partie la plus animée de la baie. Le week-end, ne manquez pas le spectacle des jonques aux voiles déployées, les dernières dans cette région de la Chine.

8 Les ponts

Le pont supérieur (ex-première classe), aujourd'hui à peine plus cher que le pont inférieur (ex-seconde classe), offre un accès aux cabines climatisées, une vue superbe sur la ville et une protection contre les embruns les jours de grand vent.

9 Ocean Terminal

Au nord du terminal de Tsim Sha Tsui se trouve le quai d'amarrage des bateaux de croisière (on y voit parfois le *Queen Elizabeth II*) et des navires de guerre américains.

5 Panorama sud

En quittant Kowloon, découvrez sur l'extrême gauche les jeux de glace et les lignes fluides du Convention Centre *(à droite)* de Wanchai ; juste au-dessus, les 373 m de la tour de Central Plaza ; plus loin, sur la gauche, les saisissantes crêtes acérées de la Bank of China et le « mécano » du HSBC, puis le Jardine House sous lequel accostent les ferries. Enfin, l'International Centre Phase Two qui culminera à 420 m lorsqu'il sera achevé en 2003.

7 Tourisme économique

Un moyen économique pour découvrir la ville : 1,7 HK$ sur le pont inférieur, 2,2 HK$ sur le pont supérieur.

10 Panorama nord

En allant vers Kowloon, vous apercevrez l'Arts and Cultural Centre, le bâtiment le plus proche de la rive, et derrière lui la nouvelle aile du Peninsula Hotel coiffée de ses héliports jumeaux. Par beau temps, les collines escarpées des Nouveaux Territoires se dessinent dans le lointain.

Autres moyens de transport à Hong-Kong **p. 138**

TOP 10 Stanley

À l'origine paisible village de pêcheurs, Stanley fut la plus importante agglomération de l'île de Hong-Kong avant l'arrivée des Britanniques. La ville moderne, sur la côte sud, continue d'offrir un agréable dérivatif à l'agitation de la métropole, avec sa faible circulation, son rythme tranquille, ses excellents restaurants, ses belles plages et son marché où abondent vêtements, soieries et souvenirs. Bel aperçu du Hong-Kong colonial et des anciennes traditions chinoises, toujours en vigueur au temple de Tin Hau.

Marché de Stanley

Murray House

Avis aux agoraphobes : fuyez Stanley le week-end ! La ville, le marché et les bus qui y mènent et en reviennent sont noirs de monde.

Pour jouir pleinement du magnifique panorama de la route de la côte vers Stanley, installez-vous au premier étage et à l'avant du bus à impériale.

Pour un repas réussi en plein air, filez à El Cid, dans Murray House : bonnes tapas et vue superbe *(p. 77).*

• Plan F6 • Bus 6, 6A, 6X ou 260 depuis Central • Marché de Stanley de 11h à 18h t.l.j.

Les sites

1. Marché
2. Murray House
3. Ancien poste de police
4. Front de mer
5. Stanley Beach
6. Temple Tin Hau
7. Cimetière militaire
8. Fort Stanley
9. St Stephen's Beach
10. Pubs et restaurants

1 Marché

Sur les étals bancals du marché de Stanley, vous trouverez l'habituel assortiment d'articles bon marché, sans oublier les sempiternels souvenirs. Agréable sans être le moins cher ni le meilleur de Hong-Kong, il mérite qu'on flâne au milieu de sa centaine d'échoppes avant de rejoindre l'un des cafés ou restaurants du bord de mer.

2 Murray House

Ce vénérable vestige néo-classique datant de 1843, démantelé puis reconstruit ici, abritait à l'origine les quartiers de l'armée britannique sur le site aujourd'hui occupé par la Bank of China, à Central *(p. 10)*. On y trouve de nombreux restaurants *(ci-contre)*.

3 Ancien poste de police

Cette jolie bâtisse de 1859 est le plus vieux poste de police de Hong-Kong. Quartier général des Japonais durant la Seconde Guerre mondiale, il est reconverti en restaurant.

4 Front de mer Entre le marché et Murray House, le front de mer est un lieu de promenade agréable. Le port, aujourd'hui déserté, abritait autrefois une flotte animée de jonques et de bateaux de pêche.

5 Stanley Beach Cette belle plage, idéale pour la baignade, devient en juin le théâtre animé des courses de bateaux-dragons, âprement disputées lors de la fête du même nom, qui attirent compétiteurs et passionnés.

6 Temple Tin Hau Cerné par les statues grimaçantes des gardiens de la déesse de la Mer Tin Hau, l'intérieur sombre de ce temple est l'un des plus évocateurs de Hong-Kong. Érigé en 1767, il figure parmi les plus anciens temples de la région dédiés à Tin Hau.

7 Cimetière militaire La plupart des sépultures datent de la Seconde Guerre mondiale. D'autres remontent aux premiers jours de l'ère coloniale, lorsque les maladies tropicales firent des ravages parmi les colons.

8 Fort Stanley La *Chinese People Liberation Army* occupe désormais ces baraquements de l'armée britannique au bout de la péninsule (fermés au public).

9 St Stephen's Beach Possibilité de faire de la voile et du canoë sur cette plage agréable de Stanley. Le quai est le point de départ des bateaux qui, le dimanche, desservent l'île isolée de Po Toi *(p. 14)*.

10 Pubs et restaurants Parmi les principaux attraits de Stanley, son excellente gamme de bars et restaurants *(p. 77)* : face à la mer, tout le long de la rue principale, vous aurez le choix entre une multitude d'établissements (italiens, vietnamiens...), la plupart dotés de terrasses. Bons restaurants également à Murray House.

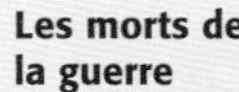

Les morts de la guerre

Après l'invasion de Hong-Kong par les Japonais en 1941 *(p. 74)*, les civils capturés subirent trois années de négligence, de famine et de torture. Les dépouilles de milliers de militaires et de civils morts ici durant la guerre sont enterrées au cimetière de Stanley.

TOP 10 Marché de nuit de Temple Street

Sous la lueur blafarde de milliers d'ampoules nues, touristes et locaux se pressent parmi les échoppes le long des allées étroites de Temple Street, à Yau Ma Tei. On y trouve de tout : vêtements, chaussures, accessoires, contrefaçons de grandes marques, copies de CD et bric-à-brac. Si les prix y sont parfois un peu plus élevés qu'à Shenzhen, de l'autre côté de la frontière chinoise, ou que dans d'autres marchés moins connus de la ville, Temple Street, avec son atmosphère unique, demeure incontournable.

Veste en cuir

Flâneurs à Temple Street

Le meilleur itinéraire de découverte du marché de nuit est le suivant : commencez par le haut, en prenant le MTR à Yau Ma Tei, puis descendez vers le sud depuis Portland Street, de façon à terminer votre shopping non loin des restaurants, des hôtels et des bars de Tsim Sha Tsui.

Pour grignoter, arrêtez-vous aux *dai pai dong* (échoppes de rue).

• Plan M1–2 • Le marché commence après 19h et se poursuit au-delà de 23h

Les sites

1. Diseurs de bonne aventure
2. Chanteurs d'opéra
3. Dai Pai Dongs
4. Cantines de Reclamation Street
5. Montres
6. Vêtements
7. Cuirs
8. Chaussures
9. Accessoires
10. Bric-à-brac

1 Diseurs de bonne aventure

Ils sont une douzaine, à la jonction de Temple Street et de Market Street, à prédire l'avenir sur le visage et sur les mains. Dans les cartes aussi, que les pinsons blancs en cage tirent en échange de quelques graines.

2 Chanteurs d'opéra

Certains soirs, à deux pas des diseurs de bonne aventure, petits spectacles d'opéras cantonais populaires, avec chanteurs et musiciens.

3 Dai Pai Dongs

Suite à des contrôles sanitaires sévères, les échoppes de *dai pai dong* se font rares, sauf à Temple Street, où elles offrent toujours leur étalage : en-cas, crêpes, boulettes de poisson, brochettes de fruits de mer et viande non identifiée !

Autres marchés **p. 38-39**

4 Cantines de Reclamation Street

Si vous n'avez pas réussi à vous rassasier dans les *dai pai dong*, allez goûter les plats de nouilles ou de riz à trois sous dans les cantines couvertes de Reclamation Street. Avis aux délicats : ici, il est de mise de jeter ou de cracher os et cartilages sur la nappe.

5 Montres

Bonnes montres mais sans garanties. Bon rapport qualité-prix pour les produits locaux. Sur un étal, vente de montres de marque de seconde main.

6 Vêtements

Au milieu des horreurs en Nylon inflammables, on trouve des T-shirts à trois sous, de jolies soieries, des hauts perlés et des robes en coton. S'arrêter à l'échoppe qui fait l'angle de Kansu Street. Un peu plus loin, en descendant, possibilité de se faire tailler un pantalon en quatre jours.

7 Cuirs

Si le cuir ne constitue pas le point fort de Temple Street, on peut tout de même trouver des ceintures à bas prix et des sacs à main, dont les habituelles contrefaçons de grandes marques, que vous ne devez pas acheter, sous peine de fortes amendes.

8 Chaussures

Des tongs très peu chères aux chaussures en cuir ou en daim bon marché, on peut réaliser de bonnes affaires presque partout à Temple Street, malgré un choix limité et un très net manque d'élégance. Un conseil, allez fureter dans les boutiques, derrière les échoppes : quelques-unes vendent des articles de créateurs.

Marchandage

Les prix indiqués constituent le point de départ du marchandage, et les marges sont importantes. N'hésitez donc pas à discuter (avec le sourire). Tous les produits étant achetés beaucoup moins cher en Chine, le vendeur réalisera toujours un profit. En commençant en deçà de la moitié du prix indiqué, vous pourrez arriver à des rabais de 50 % sur les articles les plus chers.

9 Accessoires

Vous trouverez partout des lunettes de soleil à bas prix. Parmi les autres accessoires intéressants, sacs à main et à bandoulière, brodés ou perlés.

10 Bric-à-brac

Public Square Street est le royaume du bric-à-brac : souvenirs de l'époque maoïste, vieux posters, pièces de monnaie, pipes à opium, jade. Au nord de Temple Street, babioles en plastique inspirées des dessins animés japonais.

TOP 10 Heritage Museum

Aux abords de Sha Tin, dans les Nouveaux Territoires, le musée le plus récent de Hong-Kong est aussi, et de loin, le meilleur (avec le musée d'Histoire de Kowloon, rénové). Ouvert en 2000, l'Heritage Museum offre une vision complète de l'histoire culturelle, artistique et naturelle de la région au travers de passionnantes expositions audiovisuelles et d'une excellente section interactive pour les enfants.

Photographie de Tai O en 1966

Entrée du musée

Si possible, associez la visite du musée avec une visite du champ de courses de Sha Tin ***(p. 101).***

Le mercredi, l'Heritage Museum est gratuit.

Dans le hall, vous trouverez un café et une boutique de cadeaux.

• Plan E3 • 1 Man Lam Road, Sha Tin, Nouveaux Territoires • 2180 8188 • Navette gratuite depuis Sha Tin KCR • www.heritagemuseum.gov.hk • Ouvert de 10h à 18h du mar. au sam., de 10h à 21h le ven. • Prix du billet 10 HK$

Les chefs-d'œuvre

1. Architecture et design
2. Orientation Theatre
3. Children's Discovery Gallery
4. Opéra cantonais
5. Expositions thématiques
6. Salle Chao Shao-an
7. Cour
8. Culture des Nouveaux Territoires
9. Histoire des Nouveaux Territoires
10. Salle T T Tsui

1 Architecture et design

L'Heritage Museum est conçu autour d'une cour centrale, selon le style traditionnel chinois *si he yuan,* que l'on peut encore admirer dans les villages fortifiés des Nouveaux Territoires *(p. 104).*

Légende

Rez-de-chaussée
1er étage
2e étage

2 Orientation Theatre

Pour un survol rapide du musée, rendez-vous à l'Orientation Theatre, au rez-de-chaussée, face au guichet. Un film court, tour à tour en anglais et en cantonais, évoque les expositions et les visées principales du musée.

3 Children's Discovery Gallery

Cette salle colorée, très appréciée des enfants, leur offre un aperçu vivant et distrayant de la nature et de l'archéologie locales avec des expositions interactives et des maquettes en 3-D adaptées à leur taille.

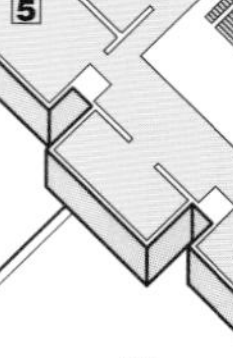

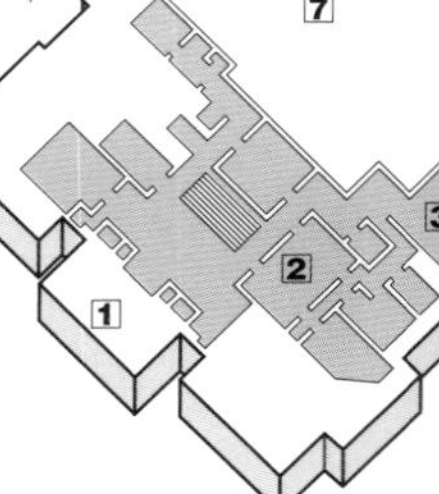

5 Expositions thématiques

Cinq salles (1er et 2e étages) abritent des expositions temporaires traitant de sujets aussi divers que l'histoire, la culture populaire, l'art contemporain, l'art traditionnel chinois ou la politique sociale à Hong-Kong.

4 Opéra cantonais

Obscur et mystérieux, l'opéra cantonais se dévoile ici avec l'exposition de ses costumes somptueux et de ses décors complexes, sur fond d'extraits d'œuvres raffinées du Guangdong et du Guanxi.

6 Salle Chao Shao-an

La renommée de cet artiste hong-kongais, maître de l'encre, a largement dépassé les frontières de la Chine. Une douzaine de ses superbes œuvres sont exposées ici *(ci-contre)*.

8 Culture des Nouveaux Territoires

Reconstitution de l'ère pré-coloniale au travers de scènes maritimes et villageoises *(ci-dessous)*. On y découvre aussi la croissance des villes nouvelles, telles que Sha Tin.

7 Cour

Pour prendre l'air, la cour ombragée *(ci-dessus)*, située en plein cœur du musée, offre un cadre attrayant.

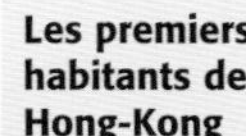

Les premiers habitants de Hong-Kong

La salle consacrée à l'histoire des Nouveaux Territoires évoque celle de ses premiers habitants, ces hommes de l'âge du bronze (4 000 ans) dont on a retrouvé des arcs et des pointes de flèches sur différents sites, ainsi que de mystérieuses sculptures de pierre. Des fouilles sur l'île de Lamma ont mis au jour des objets datés de l'âge de pierre (6 000 ans).

9 Histoire des Nouveaux Territoires

Pour découvrir la faune et la flore de la région, et des objets d'art datant de l'apparition des premiers hommes à Hong-Kong.

10 Salle T T Tsui

Y sont exposés des objets d'art, du néolithique à nos jours : porcelaines, bronzes, objets en jade et en pierre, mobilier, laques et statues religieuses tibétaines.

TOP 10 Côte de Tai Long Wan

À quelques kilomètres à peine de Hong-Kong, sur la côte sud de la péninsule de Sai King, les sublimes plages vierges semblent appartenir à un autre monde. Ici, ni route ni voie ferrée. Pour accéder à ce coin de paradis, les matinaux prendront un bus pour Sai Kung, un autre pour Pak Tam Au, puis un sentier accidenté (6 km), ou une jonque (en location). À l'arrivée, cafés ombragés, spots de surf et piscines naturelles secrètes et magnifiques seront leur récompense.

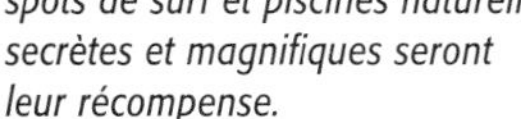

Pont de Ham Tin

Plage de Ham Tin

Achetez le HKTB *Sai Kung Explorer's Guide* pour sa carte détaillée et ses informations.

Une seule solution pour se restaurer, les cafés des plages ; ou un pique-nique après s'être approvisionné à Sai Kung.

• Plan G3 • Prenez le bus 92 (passages fréquents) à Diamond Hill KCR pour Sai Kung, puis le bus 94 (toutes les demi-heures), ou le 96R sur Sun, pour Pak Tam Au. Comptez environ 90 minutes de Kowloon ou Central pour atteindre le départ du sentier, et prévoyez au moins 1 heure aller, 1 heure retour pour les plages • La location à la journée d'une jonque coûte 3 000 HK$, consultez les pages jaunes

Les sites

1. Plages
2. Piscines naturelles
3. Cafés
4. Entre Ham Tin et Tai Long
5. Surf
6. Jonques de plaisance
7. Pêcheurs hakkas
8. Camping
9. Sharp Peak
10. Pont de Ham Tin

1 Plages

Trois plages magnifiques à Tai Long Wan : Tai Wan, la plus éloignée et la plus préservée ; Ham Tin, la plus petite, avec café et terrain de camping ; enfin Tai Long Sai Wa, la plus animée.

2 Piscines naturelles

Pour découvrir le secret le mieux préservé du coin, une superbe succession de chutes d'eau et de piscines naturelles *(ci-contre)*, suivez le sentier longeant la rivière à l'extrémité nord-est de la plage de Tai Long Sai Wan.

3 Cafés

Dans les cafés modestes de Tai Long Sai Wan, ainsi qu'au *Hoi Fung* de Ham Tin, nouilles, riz frit et boissons chaudes ou froides à des prix raisonnables.

4 Entre Ham Tin et Tai Long

Depuis le sentier escarpé long de 1 km qui relie Ham Tin à Tai Long Sai Wan, belles vues plongeantes sur Ham Tin, Tai Wan et les montagnes en arrière-plan.

5 Surf

À Tai Wan, les amateurs de surf pourront s'adonner à leur passion. Spot correct, intéressant les jours de grand vent. Au quotidien, possibilité de *body boarding*.

6 Jonques de plaisance

Point d'ancrage de la plupart des jonques de location, la plage de Tai Long Sai Wan est la plus animée : les passagers y débarquent sur de petits esquifs.

7 Pêcheurs hakkas

Probablement peuplé dès la préhistoire, Tai Long *(ci-dessus)* demeura un village de pêcheurs hakkas prospère jusqu'en 1950, époque où la plupart de ses habitants émigrèrent. Seuls quelques anciens y résident encore.

Camping 8

Avec un sol nivelé et un ruisseau d'eau douce, le meilleur endroit pour monter sa tente se situe à l'est du village de Ham Tin *(ci-contre)*. Il n'y a pas d'hôtel.

9 Sharp Peak

Visible depuis Ham Tin et Tai Wan, l'imposant sommet de Sharp Peak culmine à 468 m. Ascension rude, mais récompense à l'arrivée avec une vue spectaculaire sur la péninsule.

10 Pont de Ham Tin

Pour garder les pieds au sec, le seul moyen de se rendre à la plage en venant de Ham Tin est d'emprunter le pont, assemblage bancal mais admirable de bois et de matériaux en tout genre !

Route du retour

Pour quitter Tai Long Wan, empruntez le sentier qui descend vers le sud-ouest en sortant de Sai Wan. Vue magnifique et lacets en pente douce autour du High Island Reservoir. En atteignant la route principale, à la sortie de Pak Tam Chung, il est facile d'attraper un bus ou un taxi pour revenir sur Sai Kung.

TOP 10 Île de Cheung Chau

À une demi-heure de ferry de Hong-Kong, cette île charmante est idéale pour fuir la chaleur et l'agitation de la ville, sauf le week-end, où tout le monde semble avoir la même idée ! Avec ses rues étroites, ses boutiques et ses temples, cet ancien refuge de pirates et de pêcheurs évoque le vieux Hong-Kong traditionnel et peut se visiter dans la journée, au gré de ses sentiers perdus, de ses plages et de ses restaurants de fruits de mer bon marché.

Lion, temple de Pak Tai

Port de Cheung Chau

Pour faire un tour rapide de l'île, louez une bicyclette face aux terrains de basket, près du temple de Pak Tai.

À ne pas manquer : les voitures de pompiers et les ambulances miniatures de Cheung Chau *(p. 116)*.

En cas d'overdose de fruits de mer, allez faire un tour chez Morocco's (2986 9767), près du quai d'embarquement des ferries. Le soir, plats indiens, thai, occidentaux... mais pas de cuisine marocaine !

• Plan C6 • Ferries quotidiens toutes les heures ou demi-heures depuis l'Outlying Islands Ferry Pier.

Les sites

1. Temple de Pak Tai
2. Port
3. Banian sacré
4. Tung Wan Beach
5. Peak
6. Grotte des pirates
7. Planches à voile
8. Chantier naval
9. Restaurants
10. Sculptures de pierre

1 Temple de Pak Tai

Ce temple récemment restauré et dédié au dieu Pak Tai, patron de Cheung Chau qui aurait sauvé ses habitants de la peste, est l'épicentre des célébrations annuelles de la fête des Petits Pains *(p. 36)*. Au cours de cette fête née au XIXe s., lorsque la peste était considérée comme la vengeance des êtres tués par les pirates locaux, de petits pains sont offerts aux fantômes et distribués en gage de prospérité.

2 Port

Malgré le déclin de l'industrie de la pêche à Hong-Kong, on voit encore de nombreux bateaux de pêche en activité dans le petit port abrité des typhons. Location de bicyclettes à bon prix sur le front de mer.

3 Banian sacré

Sur Tung Wan Road, le banian *(ci-dessous)* réputé pour être à l'origine de la bonne fortune de Cheung Chau est vénéré au point que récemment, en vue de l'agrandissement de la route, on a préféré détruire à sa place le restaurant qui lui faisait face.

Fête des Petits Pains de Cheung Chau **p. 36**

4 Tung Wan Beach

La plus belle plage de l'île se trouve sur la côte est, à 150 m du quai d'embarquement des ferries *(ci-dessus)*. Baignade surveillée et filet anti-requins.

5 Peak

En gravissant la colline par Don Bosco et Peak Roads, vous passerez devant de belles maisons coloniales d'époque. Superbes vues sur la mer, notamment depuis le cimetière de Peak Road.

6 Grotte des pirates

Cache présumée (plus proche du trou que de la grotte) d'un flibustier du XIXe s., Cheung Po-Tsai. Jolies vues sur la mer depuis les alentours. N'oubliez pas la torche !

7 Planches à voile

Près de Tung Wan, centre de *windsurfing* et café tenus par la famille du médaillé d'or olympique Lee Lai-Shan.

8 Chantier naval

À l'extrémité nord du port, une cour animée où l'on construit les jonques et où l'on répare les filets. Les blocs de glace chargés dans les bateaux glissent au-dessus de vos têtes sur des toboggans.

9 Restaurants

Ici, le poisson et les fruits de mer sont moins chers qu'ailleurs. Grand nombre de restaurants sur le front de mer, au nord de She Praya Road et au sud du quai des ferries. On choisit son poisson vivant dans les aquariums *(ci-dessus)*.

10 Sculptures de pierre

La région de Hong-Kong abrite plusieurs sculptures creusées dans la roche à proximité de la mer. À Cheung Chau, il en existe une sous le Warwick Hotel. On ne sait rien de ceux qui les réalisèrent, il y a environ 3 000 ans.

Sentiers et chemins

Sur la côte sud de l'île, jolie ballade sur la falaise et près du temple de Tin Hau sur la minuscule plage de Moring, par un sentier en lacets. En continuant vers le sud-ouest, vous atteindrez Peak Road et son cimetière, puis le petit port de Sai Wan. De là, possibilité de revenir en sampan au quai de départ des ferries, à Cheung Chau.

Pages suivantes **Le Grand Bouddha de Po Lin, Lantau**

TOP 10 Grand Bouddha et monastère de Po Lin

À l'origine humble demeure bâtie par trois moines pour célébrer Bouddha, le monastère de Po Lin, sur l'île de Lantau, est devenu un temple majeur. Son joyau, l'imposante statue de Bouddha vénérée par les fidèles et prisée par les touristes, domine le site depuis un piédestal que l'on atteint en gravissant 260 marches. Une ascension digne d'intérêt par temps clair, pour le panorama qu'elle offre sur les vallées, les réservoirs et les montagnes de l'île.

Cour principale

Une vue du Grand Bouddha

Pour les sportifs et les lève-tôt, possibilité de passer la nuit à l'auberge de jeunesse S.-G. Davis (2985 5610), près des Tea Gardens. Départ avant l'aube pour voir le soleil surgir derrière le sommet du Lantau Peak.

Pour ceux qui apprécient modérément la cuisine végétarienne proposée à l'intérieur du temple, possibilité de pique-niquer le long des sentiers environnants.

- *Plan B5* • *Bus 2, terminal des ferries Mui Wo sur l'île de Lanta*
- *De 10h à 18h t.l.j.*
- *Entrée libre*

Les sites

1. Bouddha géant
2. Monastère
3. Tea Gardens
4. Restaurants végétariens
5. Grande Salle
6. Bodhisattvas
7. Relique de Bouddha
8. Sentier pour Tung Chung
9. Moines et nonnes
10. Entrée du temple

1 Bouddha géant

Haute de 22 m, cette statue de bronze impressionnante compte parmi les représentations de Bouddha les plus grandes au monde. Constituée de plus de 220 pièces, elle est assise sur un trône de lotus, symbole bouddhiste de la pureté.

2 Monastère

Si les moines, séduits par son isolement, arrivèrent sur Lantau dès le début du XXe s. Le monastère de Po Lin, ou « lotus précieux », ne devint un lieu de pèlerinage que dans les années 1920, lors de la construction de la Grande Salle et de la nomination du premier abbé.

3 Tea Gardens

À l'ouest du Bouddha, modeste plantation de thé entretenue par les nonnes et les moines dans les jardins du même nom. On peut goûter leur thé dans le café tout proche, lieu ombragé et agréable à l'écart de la foule. Plats chinois à bas prix.

Autres sites de Lantau p. 112-117

4 Restaurants végétariens

Aux guichets d'entrée du Bouddha, vente de tickets-repas pour trois restaurants corrects (ils permettent aussi l'accès aux expositions à l'intérieur du Bouddha). Cuisine végétarienne avec d'étonnantes imitations de plats de viande.

5 Grande Salle

À voir, dans le temple principal : les trois statues de Bouddha en or, les peintures du plafond, les frises raffinées de l'extérieur et le sol avec ses dalles en forme de lotus.

6 Bodhisattvas

Tout au long de l'escalier, statues de saints bouddhistes, vénérés pour différer l'entrée au paradis et permettre ainsi aux mortels d'accéder à la sagesse. Glisser une pièce au creux de leur main porte-chance.

7 Relique de Bouddha

Enchâssée à l'intérieur de la statue, la relique sacrée de Bouddha (une dent dans un écrin de cristal) est difficile à distinguer. Sous la statue, une exposition relate la vie du maître et son cheminement vers la sagesse.

8 Sentier pour Tung Chung

Pour redescendre au MTR de Tung Chung, suivez le délicieux sentier boisé de 7 km qui chemine à travers la vallée du même nom parmi des monastères, dont celui de Lo Hon, qui sert des repas végétariens bon marché.

Moines et nonnes 9

On peut voir les nonnes et les moines chauves, vêtus de leur robe orange, prier dans le vieux temple situé derrière le temple principal (entré interdite à 15h).

10 Entrée du temple

Flanquée de deux lions et décorée de swastikas inversées, signes sacrés du bouddhisme qui sont visibles ailleurs dans le temple, cette entrée est une réplique présumée de la porte sud du paradis bouddhique. Les trois caractères chinois, à son sommet, signifient « monastère de Po Lin ».

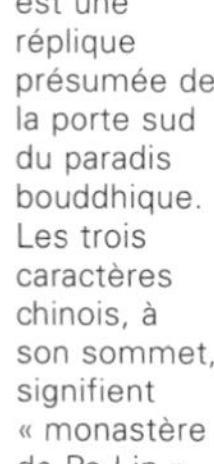

Falun Gong au Grand Bouddha

En 2000, au cours d'une réunion officielle sur le continent, l'abbé Po Lin s'érigea contre la secte semi-religieuse de Falun Gong, illégale et réprimée en Chine. En protestation, les membres régionaux du « culte du diable » manifestèrent près du Grand Bouddha, affirmant que leur quête d'épanouissement spirituel et physique au travers du *tai chi* n'avait rien de diabolique.

Gauche **Vues coloniales** Centre **Réfugiés chinois à la frontière en 1950** Droite **Chris Patten**

TOP 10 Dates importantes

1 4000 av. J.-C. : premiers hommes

Pendant des années, la version populaire disait que Hong-Kong n'était qu'un « rocher aride » et désert lorsque les Anglais y arrivèrent. Mais des fouilles archéologiques ont révélé que des clans primitifs vivaient déjà il y a 6 000 ans sur les rivages de l'île de Hong-Kong et des Nouveaux Territoires et que, sacrilège, ils se nourrissaient de dauphins !

2 1127 apr. J.-C. : clans locaux

Lorsque les Mongols repoussent l'empereur de la dynastie Song hors de Kaifeng, capitale impériale, une princesse s'échappe et s'enfuit à Kam Tin, village fortifié des Nouveaux Territoires, et épouse un membre du clan puissant des Tang.

3 1841 : les Anglais s'emparent de Hong-Kong

Le 25 janvier, alors que la guerre de l'opium fait rage, le capitaine Charles Elliot, de la British Royal Navy, plante le drapeau de l'Union Jack sur l'île de Hong-Kong. Une intrusion apparemment acceptée par les 8 000 habitants. En réalité, la lutte se poursuit entre les deux pays pour le contrôle des cités commerçantes.

En 1842, le traité de Nankin cède Hong-Kong à l'Angleterre.

Pirate du XIXe siècle

4 1860 : extension

Hong-Kong prospère et sa population dépasse les 86 000 habitants. Le problème de surpopulation est résolu lorsque la Chine cède la péninsule de Kowloon et l'île de Stonecutter à l'Angleterre après une nouvelle série d'escarmouches.

5 1898 : bail de 99 ans

Les Anglais font de Hong-Kong une place fortifiée puissamment armée, notamment à Lyeman, à la pointe est de l'île. Le 1er juillet, un bail de 99 ans signé à Pékin leur cède les Nouveaux Territoires et les îles alentour, assurant l'espace et l'approvisionnement en eau.

6 1941 : occupation japonaise

Les Japonais arrivent par la terre, franchissant sans mal la *Gin Drinkers Line* – une succession hétéroclite de bunkers

Gauche **Soldats japonais capturés par les Anglais en 1945** Droite **Centre de Hong-Kong en 1950**

Soldats chinois, le lendemain de la rétrocession

et de tranchées. La reddition de Hong-Kong, deux jours avant Noël, marque le début d'une occupation brutale de trois ans.

7 1950 : miracle économique
On commence à parler de miracle économique avec l'afflux de main-d'œuvre enthousiaste (notamment les réfugiés chinois) et le maintien de l'équilibre économique par les Anglais. La ville du business florissant et de la production de masse est née.

8 1984 : accord sur la rétrocession
Deux ans de négociations secrètes entre Margaret Thatcher et Deng Xiaoping aboutissent à la Déclaration sino-britannique, et à la phrase magique et apaisante du ministre chinois : « un pays, deux systèmes ».

9 1997 : rétrocession
La nuit du 30 juin 1997 est considérée comme une terrible déception après ces années d'attente. Les médias se focalisent sur l'Union Jack, les larmes du dernier gouverneur Chris Patten, le prince Charles et son yacht, et le toast triomphaliste de Jiang Zemin. Le lendemain, des blindés franchissent la frontière.

10 1998 : crise financière
Les « tigres » économiques asiatiques sont ramenés à la dure réalité, après des années d'effervescence et de profits. Moins durement frappée que d'autres, Hong-Kong fut néanmoins ébranlée par la crise.

Les 10 décideurs et agitateurs

1 Jorge Álvares
En 1513, arrivée du premier Européen sur l'île de Hong-Kong, le navigateur portugais Álvares.

2 Cheung Po-Tsai
En 1810, le flibustier Cheung Po-Tsai, de Lantau, terrorise les navigateurs de commerce internationaux.

3 Lin Tse Hsu
En 1839, le commissaire Lin Tse Hsu est mandaté par la Chine pour mettre fin au trafic de l'opium.

4 Capitaine Charles Elliot
Il plante l'Union Jack à Hong-Kong, qu'il revendique pour l'Angleterre en 1841.

5 Sir Henry Pottinger
Premier gouverneur de Hong-Kong, Pottinger ferme les yeux sur les cargaisons illégales d'opium.

6 Dr Sun Yat-Sen
En 1923, à Hong-Kong, ce réformateur qualifie la Chine de « chaotique et corrompue ». S'ensuit le boycott économique de la colonie.

7 Rensuke Isogai
En 1941 débute le règne barbare de ce commandant militaire japonais, gouverneur pendant l'occupation.

8 Deng Xiaoping
Les négociations sur la rétrocession de 1984 sont marquées par son inflexibilité.

9 Chris Patten
Ultime gouverneur, Chris Patten fait à Hong-Kong des adieux larmoyants en 1997.

10 Tung Chee-Hwa
Ce magnat du commerce maritime est nommé à la tête du conseil exécutif après la rétrocession.

Gauche **Tonics traditionnels** Centre **Jonque** Droite **Tai chi**

TOP 10 Découvrir la Chine profonde

1 Passer une soirée à l'opéra

L'opéra cantonais peut paraître dissonant à une oreille profane, mais ne vous y trompez pas : cet art ancien et raffiné, aux costumes et maquillages époustouflants, est un mélange subtil de chant, de mime, de danse et d'arts martiaux. Informations sur les représentations (qui peuvent durer plus de 6 h) au HKTB *(p. 139)*.

Personnages d'opéra

2 Se promener en jonque

L'image légendaire d'une jonque voguant dans le port de Victoria, toutes voiles pourpres déployées, cache malheureusement toujours le même esquif, le *Duckling*, l'une des dernières jonques de Hong-Kong. Trajets organisés par le HKTB. Si vous êtes riche, vous pouvez aussi louer l'un des *gin palaces* travestis en jonques (environ 5 000 HK$ par jour). Lisez les petites annonces du *South China Morning Post*.

3 Savourer les dim sum

Cuits à la vapeur dans des paniers de bambou, ces en-cas (dont la traduction est « qui va droit au cœur ») sont servis sur des chariots par de vieilles femmes maussades.

Dim sum

4 Visiter un marché

Rigoles de sang et déchets sur le sol, cris perçants des vendeurs et marchandages bruyants des ménagères, le tout au milieu du bourdonnement des mouches : un choc culturel brutal.

5 Aller dans un Tonic traditionnel

Pour une plongée dans la Chine traditionnelle, entrez dans un restaurant Tonic pour goûter les plats à base d'épices, d'herbes et d'ingrédients de toutes sortes, préparés selon les principes du « chaud froid ». Au Treasure Inn Seafood, vous pourrez goûter des grenouilles frites et des champignons de bambou. *2e ét. Western Market, 323 Des Vœux Rd, Sheung Wan • Plan J4 • 2850 7780 • $$*

6 Tester la réflexologie du pied

Enserrant vos pieds comme des étaux, les mains massent les zones réflexes correspondant aux organes vitaux. C'est douloureux, parfois gênant, mais le bien-être est garanti à l'issue de la séance. Nombreux réflexologistes à Happy Valley. Essayez On Wo Tong. *1er ét. Lai Shing Bldg, 13-19 Sing Woo Rd • 2893 0199*

Les 10 dim sum les plus prisés **p. 51**

Gauche **Nouvel an chinois** Droite **Marché**

7 Entrer dans un lieu zen

Vous aurez un aperçu contemporain de la Chine d'autrefois en visitant le couvent Chi Lin de Kowloon, splendide réplique d'un couvent aux sept salles de la dynastie Tang (618-907 apr. J.-C.). Il a nécessité 10 ans de travaux, dans le respect des techniques et matériaux traditionnels. Béatitude absolue quand les nonnes chantent pour le Bouddha Sakayamuni *(p. 96)*.

8 Goûter le vin de bile

Pour goûter ce tonic hivernal traditionnel (une infusion brûlante de vésicules biliaires de cinq serpents morts !), rendez-vous à She Wong Lam, au nord-est de l'île de Hong-Kong. ✆ *Hillier Stn Sheung Wan • Plan K5 • 2543 8032*

9 Assister à une danse du lion

Les lions étant censés porter chance et repousser le diable, il est fréquent de voir des jeunes danseurs exécuter des arabesques sous des têtes de lion stylisés lors de l'inauguration d'un nouvel immeuble. Une coutume répandue aux alentours du nouvel an chinois *(p. 36)*.

10 Pratiquer le tai chi

Les mardi et mercredi, à 8 h du matin, allez profiter d'une heure de cours gratuit de *tai chi*, sans doute l'art martial le plus paisible, en vous rendant à la Clocktower *(p. 83)* près des Star Ferry dans Tsim Sha Tsui. ✆ *Plan M4*

Les 10 plaisirs du corps

1 Spa

Dénichez un spa proposant des cures déstressantes de deux jours. ✆ *2920 2888*

2 Massage traditionnel

Essayez un massage des tissus profonds. Parfait pour la circulation. ✆ *On Wo Tong (voir réflexologie).*

3 Air pur

Loin de la pollution, appréciez l'ambiance vivifiante du bar à oxygène de l'Oxyvital's Central.

4 Rasage idéal

Pour retrouver un visage lisse, allez tester les rasages chauds du barbier du Mandarin Oriental. ✆ *2522 0111*

5 Filtre d'amour n° 9

Stimulez votre énergie avec une boisson tonique achetée dans l'une des nombreuses herboristeries de rue.

6 Géomancie

Assurez-vous que votre lieu de vie est en harmonie avec la nature lors d'une consultation de *feng shui*. ✆ *Raymond Lo 2736 9568*

7 Aiguilles

Libérez vos tensions grâce à l'acupuncture. ✆ *On Wo Tong (voir réflexologie).*

8 Masque

Détente d'un masque facial au Jurlique (sous-sol du Kowloon Hotel). ✆ *2368 3500*

9 Chouchoutez vos pieds

Un must prisé par les adeptes : le pédicure traditionnel de Shangai, au *Mandarin Oriental.* ✆ *2522 0111*

10 Allô docteur

Allez tester une médecine parallèle chez un médecin traditionnel chinois. ✆ *Dr Troy Sing 2526 7908*

Les meilleurs marchés de Hong-Kong **p. 38-39**

Gauche **Pêcheurs chinois** Droite **Écolières**

TOP 10 Peuples et cultures de Hong-Kong

Joueurs d'échecs chinois

1 Chinois

Avec leur histoire où se mêlent révolutions, migrations, crime organisé et commerce, les Cantonais sont considérés comme les « New-Yorkais » de Chine. Leurs communautés, principalement originaires de Shanghai, Hakka et Chiu Chow, constituent plus de la moitié de la population de la ville.

2 Britanniques

Leur puissance coloniale n'est plus, mais ils sont restés et leur empreinte demeure, des noms de rue aux uniformes des écoliers. Ils sont relativement nombreux, et il existe parmi eux une influente communauté de natifs.

3 Eurasiens

Le rôle traditionnel d'« agents » culturels et commerciaux entre l'est et l'ouest de cette communauté née de mariages mixtes demeure intact. Sa population jeune, riche et ouverte sur l'extérieur peut, plus que toute autre, revendiquer la mystérieuse dualité de cette ville.

4 Portugais

Depuis l'arrivée des commerçants, au XVIe siècle, il y a eu de multiples mariages entre Portugais et Cantonais. Leur influence se retrouve dans quelques noms (da Silva, Sequeira, Remedios), et dans le maintien de traditions culinaires (pâtisseries, tartes aux œufs).

5 Indiens

L'histoire de cette importante communauté date de l'arrivée des Britanniques en 1841. Les jeunes Indiens ont rejeté les notions d'identité purement occidentale ou asiatique, préférant les mêler dans un style de vie novateur.

6 Juifs

Leur communauté (parmi les plus anciennes du Sud-Est asiatique) a donné naissance à de véritables dynasties du monde des affaires (les Sassoon, les Kadoorie) et à un gouverneur des plus pittoresques (sir Matthew Nathan, 1903-1906).

Scène de rue

Résidents indiens, Victoria Peak

7 Russes
Autrefois importante, cette communauté ne comprend plus que quelques descendants âgés des russes blancs, mais le traditionnel bortsch reste au menu de tous les *coffee shop* et restaurants de plats à emporter.

8 Chinois d'outremer
Les deux dernières décennies ont vu l'apparition d'un nouveau phénomène : l'augmentation importante du nombre des Anglais, des Américains et des Canadiens nés en Chine, et le retour d'enfants d'émigrants (issus de bonne famille), en quête de racines et d'emplois dans le tertiaire.

9 Philippins
La plupart des membres de cette minorité ethnique (la plus importante de la ville) occupent les postes les plus mal payés (domestiques, chauffeurs, garçons de restaurants…). Ils envoient à leurs familles la quasi-intégralité de leurs gains ; ils se promènent par milliers, le dimanche, dans Statue Square *(p. 11)*.

10 Australiens
Nombreux, travaillant principalement dans les affaires et les médias, les Australiens possèdent à Hong-Kong la chambre de commerce australienne la plus importante hors de leurs frontières et l'une des deux écoles internationales australiennes.

Les 10 patois et jargons de Hong-Kong

1 Chinglish
Patois local utilisant librement des mots anglais cinisés : *sahmunjee* (sandwich), *bahsee* (bus), *lumbah* (nombre) et *kayleem* (crème).

2 Portugais
Beaucoup d'emprunts : *praya* (bord de mer), *joss* (déformation de *deo*, ou dieu) et *amah* (domestique).

3 Anglo-indien/persan
Plusieurs mots dont *schroff* (caissier), *nullah* (chenal ou cours d'eau) et *tiffin* (déjeuner).

4 Mo Lei Tau
Argot incompréhensible des jeunes Cantonais, fondé sur un phrasé surréaliste et apparemment dénué de sens.

5 « Jaihng »
Un mot d'argot largement employé signifiant « super », « génial » (comme dans le film *Wayne's World*).

6 « Yau Mehr Liu ? »
Se traduit approximativement par « pour quoi es-tu doué ? » ; salutation familière comparable à « quoi de neuf ? ».

7 « Godown »
Mot anglo-hong-kongais qui signifie « entrepôt », ou « moyen de stockage », tiré de *go put your load down*.

8 « Whiskey Tangos »
« Racaille », dans l'argot de la police hongkongaise.

9 « Aiyah ! »
Exclamation universelle pour exprimer la déception, la surprise ou le regret.

10 « Ah- »
Ce préfixe est ajouté aux noms pour marquer l'affection : « Ah-Timothée ».

Gauche **Fleurs pour le nouvel an chinois** Centre **Fête des Petits Pains** Droite **Danse du dragon, Tin Hau**

TOP 10 Fêtes et événements

Feux d'artifice, nouvel an chinois

1 Nouvel an chinois

La fête la plus importante, célébrée dans un déchaînement de lumières et de bruits. Les gratte-ciel s'illuminent, la baie s'embrase sous les feux d'artifice, les boutiques ferment et les gardiens d'immeuble deviennent aimables, espérant leurs étrennes. *Trois jours à partir du 1er jour du 1er mois lunaire, fin jan., début fév.*

2 Fête des Lanternes (Yuen Siu)

La Saint-Valentin chinoise. Cette fête marque la fin des célébrations traditionnelles de la nouvelle année lunaire. Des couples d'amoureux se rendent dans les parcs sous la lumière tendre de lanternes. *Le 15e jour du 1er mois lunaire (fin fév.)*

3 Fête de Tin Hau

Une fête majeure pour les pêcheurs. Les bateaux sont décorés et des offrandes sont faites à la déesse de la Mer pour qu'elle accorde un temps clément et des pêches fructueuses. Y assister dans les temples de Stanley, Joss House Bay ou Tin Hau Temple Road. *Le 23e jour du 3e mois lunaire (avr.)*

Fête de Tin Hau

4 Fête des Petits Pains de Cheung Chau

Jusque dans les années 1970, des jeunes gens gravissaient des tours de bambou recouvertes de *buns*, mais il y eut des chutes et la pratique fut interdite. On érige tout de même toujours ces étonnants édifices. *Le 6e jour du 4e mois (mai), Cheung Chau • Plan C6*

5 Ching Ming

Ching ming, ou fête des Morts, signifie littéralement « claire et lumineuse ». Les familles chinoises brûlent de la « monnaie de l'enfer » (billets factices) sur les tombes de leurs ancêtres. *Première semaine d'avr.*

6 Fête des Bateaux-dragons (Tuen Ng)

Au rythme des tambours et du fracas des rames, les bateaux-dragons bariolés rivalisent pour obtenir l'honneur suprême, dans des régates commémorant la mort du grand poète patriote du IIIe siècle, Qu Yuan, qui se noya pour protester contre la corruption du régime. *Le 5e jour du 5e mois (début juin), plusieurs sites*

Bateaux-dragons

7 Fête des Fantômes affamés (Yue Laan)
Le premier jour du septième mois lunaire s'ouvrent les portes de l'enfer. Pendant un mois, les âmes errantes reviennent sur terre. On brûle beaucoup de « monnaie de l'enfer » et les collines s'embrasent parfois. Éviter les randonnées. *Autour du mois de. juil., différents sites*

8 Fête de la mi-automne
Les familles bravent les embouteillages pour aller déguster dans les parcs les traditionnels gâteaux de lune à la lueur des chandelles. Malheureusement, les lanternes en papier raffinées sont de plus en plus souvent remplacées par des versions clinquantes de Hello Kitty, Doraemon et Pokemon. *La 15e nuit du 8e mois (août), essayez le Victoria Park*

9 Fête de Chung Yeung
Marcheurs, à vos chaussures ! Cette fête tire son origine d'une légende selon laquelle un érudit de la dynastie Han conduisit sa famille sur une colline, la protégeant ainsi du massacre de leur village. *La 9e soirée du 9e mois (mi-oct. à fin oct.), sur toutes les collines*

10 Noël
Si Noël ne fait pas partie des fêtes traditionnelles chinoises, les Hong-Kongais ont adopté de très bon cœur ses aspects les plus commerciaux. *25 déc.*

Les 10 événements sportifs

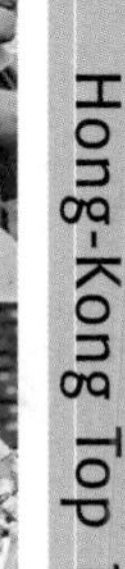

1 Rugby 10s
Orgie de bière et de rugby ; très viril ! *HK Rugby Football Union • 2504 8307 • Mars*

2 Rugby Seven
La même chose, en plus important. *Semaine de mars suivant les 10s*

3 Cricket Sixes
Action autour des guichets. *Kowloon Cricket Club • 2891 2000 • Nov.*

4 Régates de bateaux-dragons
Régates de bateaux de fête sur la rivière Shing Mun. *Sha Tin • Mi-juin*

5 Courses internationales
Compétition équestre passionnée. *Sha Tin Racecourse • HK Jockey Club 2966 8565 • Déc.*

6 Carlsberg Cup
Football. *Hong Kong Football Association 2712 9122 • Fin jan.*

7 Marathon de Hong-Kong
Point de départ de cette course exténuante : le Cultural Centre de Tsim Sha Tsui. *2577 0800 • Début fév.*

8 Grand prix de Macau
Course de Formules 3 dans l'ancienne enclave portugaise. *853 555 555 • 3e week-end de nov.*

9 Randonnée
Une marche épuisante de 100 km sur la piste de MacLehose, au profit de l'association caritative Oxfam. *Oxfam 2520 2525 • Nov.*

10 Open omega de Hong-Kong
Les plus grandes stars du golf d'Asie s'affrontent. *Asian PGA 2330 8227 • Fin nov.*

De gauche à droite **Temple Street** ; **Western Market** ; **marché aux oiseaux** ; **marché aux poissons**

TOP 10 Marchés

1 Temple Street

Il s'anime à la nuit tombée, et à 21h le fouillis inextricable de ses centaines d'échoppes est noir de monde. Connu auparavant sous le nom de Men's Street, il est le royaume du bric-à-brac, des contrefaçons aux vêtements les plus démodés. Au-delà du marché, on découvre les diseurs de bonne aventure et les chanteurs d'opéra cantonais *(p. 18-19)*.

2 Western Market

Sur cet ancien marché aux légumes et à la viande, installé dans un superbe bâtiment edouardien, il ne faut pas s'attendre à faire des affaires. En revanche, on trouve au rez-de-chaussée une excellente sélection de montres anciennes et de seconde main. Également des étoffes, mais, là encore, les bonnes affaires sont rares.

323 Des Vœux Rd Central, Sheung Wan • Plan J4 • Ouv. de 10h à 19h

3 Ladies Market

Ici, comme son nom l'indique, on trouve tout ce qui touche les femmes. Pas de marques de créateurs (sauf des contrefaçons), mais de la lingerie, des chaussures, des jeans, une multitude de babioles et de restaurants bon marché *(p. 90)*.

4 Jardine's Bazaar et Jardine's Crescent

Un marché de plein air en plein cœur de Causeway Bay, le quartier commerçant le plus animé de la ville. Au milieu de banales boutiques de mode, on croise des barbiers traditionnels et des herboristes chinois. Offrez-vous un verre de lait de soja frais.

Jardine's Bazaar, Causeway Bay, île de Hong-Kong • Plan Q6 • Ouv. de 11h à 20h

5 Cat Street

Cat Street tire son nom de l'argot chinois signifiant « ferraille ». À deux pas de Hollywood Road, le paradis des

Gauche **Bouddha ancien, Cat Street** Droite **Posters de Mao, Cat Street**

Le marché animé de Gage Street

amateurs d'antiquités et de brocante. Le lieu où acheter tapis de soie, meubles chinois raffinés, statuettes en céramique de la dynastie Ming et objets kitsch de la période Mao. ® *Plan J5*

6 Marché de Jade

Les vendeurs de jade sont légion à Hong-Kong (plus de 450). N'essayez pas d'acheter les pièces haut de gamme (à moins d'être un expert). Nombreuses belles pièces à prix modique *(p. 90)*.

7 Stanley Market

Des hordes de touristes, par cars entiers, se précipitent dans ses allées étroites pour se jeter sur ce qui se fait de pire. Réservé à ceux qui ne souffrent pas de claustrophobie *(p. 16)*. *Stanley Main Rd, île de Hong-Kong • Plan F6 • Ouv. de 10h à 18h*

8 Marché aux oiseaux

Dans un jardin luxuriant aux jolies courettes, 70 échoppes où l'on peut entendre tous les chants d'oiseaux. Plein de vieux messieurs qui ont relevé leur T-shirt pour dénuder leur ventre (l'une des habitudes vestimentaires les plus étranges de Hong-Kong). Un marché aux fleurs juste à côté *(p. 89)*. ® *Yuen Po Street, Mong Kok • Ouv. de 7h à 20h*

9 Marché aux poissons rouges

Site très prisé par les autochtones, car un aquarium est censé repousser le mauvais sort. Bonnes affaires pour la décoration d'aquarium. ® *Tung Choi St, Mong Kok • Ouv. de 10h à 18h*

10 Gage Street

Si vous êtes à Central, allez y faire un tour ; sinon, la visite ne s'impose pas. Le site est sanguinolent, surtout aux premières heures du matin quand des camions y déposent des carcasses de cochons, au milieu des gloussement des poulets condamnés. ® *Plan K5*

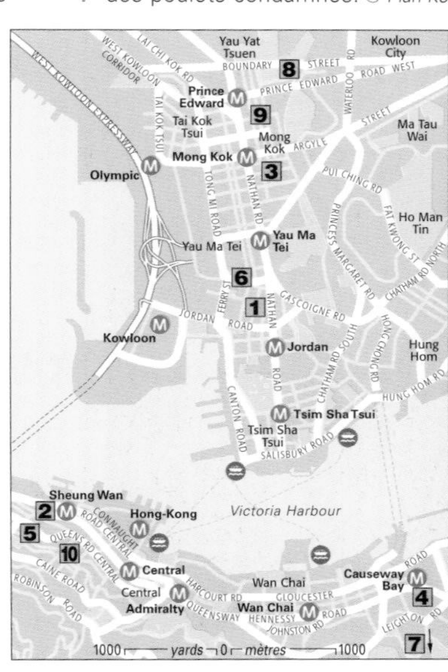

Gauche **Escalator des Mid-Levels** Centre **Rickshaw** Droite **Bus à impériale découvert**

TOP 10 « Joies » des transports

1 L'escalator

Le plus long escalator du monde, situé dans le quartier escarpé des Mid-Levels, est destiné aux banlieusards, mais il est aussi le chouchou des touristes. Gratuit et idéal pour reposer ses jambes lourdes, il offre une vue imprenable sur les rues animées, les vieilles boutiques traditionnelles et les façades des immeubles *(p. 59)*.

2 Trams

Le système de tramway de Hong-Kong est l'un des plus anciens (1904). Petit détail pour les passionnés : ce sont les seuls tramways à impériale du monde. Encore quelques voitures « vestiges » et toujours l'un des meilleurs moyens pour découvrir le rivage de l'île.

Un ancien tram

3 Le Peak Tram

L'ascension spectaculaire du Victoria Peak par ce funiculaire mis en service en 1888 demeure un *must* pour les touristes. Au temps des colonies, certains sièges étaient réservés aux hauts dignitaires *(p. 9)*.

4 Airport Express Link

Pour ceux qui auraient le temps de s'ennuyer pendant les 22 minutes de trajet entre l'aéroport et Central, on a prévu des télévisions individuelles au dos de chaque siège. Ultramoderne et lumineux.

5 MTR

Premier au monde en termes de fréquentation, le métro de Hong-Kong transporte trois millions de personnes par jour. Il est rapide, efficace ; les panneaux sont en anglais et en chinois ; les premiers tarifs équivalent au prix d'une tasse de café, et ceux permettant de faire le tour de la ville sont étonnamment bas.

6 Ferries

Sur le légendaire Star Ferry *(p. 14-15)* reliant l'île de Hong-Kong à Kowloon, le trajet en première classe avec vue sur l'un des panoramas portuaires les plus exaltants revient à la moitié du prix d'une tasse de café. D'autres ferries relient Hong-Kong aux îles environnantes et aux Nouveaux Territoires *(p. 138)*.

Pour quitter Hong-Kong **p. 138**

7 Pousse-pousse

Il ne sont plus que sept, et leurs propriétaires âgés tentent de gagner leur vie en faisant payer les touristes qui les prennent en photo. Évitez de demander une course, à moins de vouloir déclencher les insultes (justifiées) des passants : ces pauvres vieillards s'effondreraient avant d'avoir atteint le bout de la rue !

8 Taxis

La grossièreté des chauffeurs de taxi de Hong-Kong est légendaire, mais qui resterait zen dans la circulation effroyable de cette ville ? Grâce à des contrôles sévères, de moins en moins de tarifs exorbitants.

9 Limousines

La ville de Hong-Kong détient probablement le record mondial du nombre de Mercedes et de Rolls Royce par habitant. À lui seul, l'hôtel Peninsula possède une flotte d'environ cinquante Rolls – certainement la plus importante de la planète.

10 Bus

Héritage des Britanniques, la plupart des bus à impériale de Hong-Kong sont climatisés. La diffusion de pubs en continu sur les télévisions installées à bord (suivant une mode universelle insupportable) peut vite devenir pénible, mais cet inconvénient est compensé par des tarifs défiant toute concurrence.

Star ferries

Les 10 attractions de l'escalator

1 L'escalator

Le plus long escalator couvert du monde mérite à lui seul une visite.

2 Banlieusards

211 000 personnes l'utilisent chaque jour, évitant ainsi les embouteillages des Mid-Levels.

3 Marché central

L'escalator s'élance face à ce marché de fruits et légumes joyeusement animé.

4 BoHo

(Sous Hollywood Road.) Le début du voyage vous emmènera au cœur de ce quartier branché.

5 SoHo

(Sud de Hollywood Road.) Au premier arrêt, remontez un bloc vers les bars et restaurants à la mode *(p. 60)*.

6 Hollywood Road

Royaume des antiquaires, des galeries d'art, des night-clubs, des bars et du très ancien Man Mo Temple *(p. 61)*.

7 Galeries

Nombreuses galeries, dont plusieurs spécialisées dans l'art chinois contemporain.

8 Rednaxela Terrace

Ainsi nommée parce qu'au XIXe siècle « Alexander » fut écrit de droite à gauche sur la plaque de rue. Toujours pas corrigé.

9 Mosquée Jamai Masjid

Ou mosquée de Shelly Street. Construite en 1915, elle est l'un des trois lieux de culte qui sont destinés aux 70 000 musulmans.

10 Conduit Road

Fin de SoHo et début des Mid-Levels, avec foisonnement d'immeubles de luxe.

Gauche **Bank of China, Cheung Kong Centre et HSBC** Droite **Convention Centre**

TOP 10 Réalisations contemporaines

L'intérieur de la HSBC

1 Le HSBC

Siège de la Hong Kong and Shangai Banking Corporation, la saisissante réalisation futuriste de sir Norman Foster est l'édifice le plus cher au monde (5,2 billions de HK$). Grâce à la confluence des « cinq lignes de dragon » sur laquelle il repose, et à sa vue dégagée sur le port, il est réputé pour posséder le meilleur *feng shui* des alentours. Le dimanche, son *atrium* élancé est le rendez-vous de centaines de jeunes employées de maison philippines. *1 Queen's Road Central • Plan L5*

Bank of China

2 Bank of China

Cette tour de verre aux arêtes acérées, haute de 70 étages et de 368 m, est l'œuvre du grand architecte américano-chinois I.M. Pei. Achevée en 1990, sa réputation en matière de *feng shui* est négative : elle enverrait en effet de mauvaises vibrations sur l'ancienne Government House, ainsi que sur d'autres bâtiments coloniaux. Vue panoramique sur la ville depuis le 43ᵉ. *1 Garden Rd, Central • Plan L6 • 43ᵉ étage, terrasse panoramique de 9h à 18h du lun. au ven., et de 9h à 13h le sam.*

3 Pont Tsing Ma

Ce pont suspendu, long de 2,2 km et servant aux transports routiers et ferroviaires, s'étire entre l'île de Tsing Yi et Lantau et permet de rejoindre l'aéroport de Chek Lap Kok. Terminé en 1997 (coût : 7,14 billions de HK$), il est impressionnant, surtout la nuit lorsqu'il s'illumine. Pour l'admirer, prenez le MTR à Tsing Yi, un bus pour l'aéroport, la navette de l'Airport Railway, ou rendez-vous au point de vue de Ting Kau *(p.116)*. *Plan D4*

4 Nouvelles tours

Sur l'île de Hong-Kong, un édifice de 88 étages jaillit au-dessus de la Hong-Kong Station et promet d'être spectaculaire.

Sur Kowloon West Reclamation, la première réalisation de plus de 100 étages, encore à l'état de plans, soulève déjà de fortes controverses. *Plan M6*

5 Aéroport international de Hong-Kong

Autre œuvre de sir Norman Foster. Les atterrissages y sont moins palpitants que sur l'ancien aéroport, mais le nouveau terminal est tout de même impressionnant. Il a été construit sur une île spécialement aplanie : Chep Lap Kok. *Plan B4*

6 Tours Lippo

Les cubes de verre qui hérissent ces mégalithes sont comparés à des koalas – clin d'œil à leur propriétaire australien, l'homme d'affaires et ex-détenu Alan Bond.
89 Queensway, Admiralty. Plan L-M6

7 Le Centre

Sublime, cet immeuble dont la façade s'illumine de toutes les couleurs de l'arc-en-ciel est l'un des triomphes de Li Ka-shing.
Queen's Rd • Plan K5

8 Cheung Kong Centre

Sur le site de l'ancien Hilton, une autre réalisation majestueuse de Li (qui vit au dernier étage), composée de quadrilatères de verre. Parfaitement parallèle avec la Bank of China, pour obtenir un *feng shui* optimal. *Plan L6*

Tours Lippo

9 Central Plazza

Il se situe à Wan Chai, et non à Central. Cet immeuble de 374 m (le plus haut du monde en béton armé), dépasse le Centre malgré ses deux étages de moins (78). *18 Harbour Rd, Wan Chai • Plan N5 • 46e étage, terrasse panoramique de 9h à 17h du lun. au ven.*

10 HK Convention and Exhibition Centre

Tel un oiseau déployant ses ailes, cet imposant édifice qui semble dominer le port fut le siège de la cérémonie officielle de la rétrocession en 1997.
1 Expo Drive, Wan Chai • Plan N5

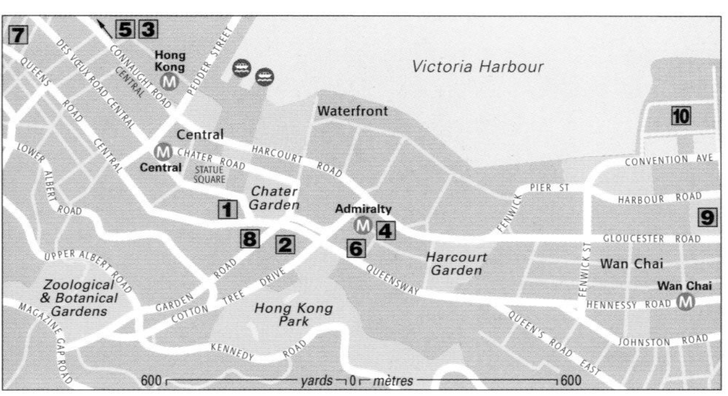

Gauche **Péninsule de Sai Kung** Centre **Oiseaux, marais de Mai Po** Droite **Ma On Shan**

TOP 10 Splendeurs naturelles

1 Cap d'Aguilar

À 11 km au sud du quartier animé de Central, le cap d'Aguilar, avec sa côte sauvage, ses roches érodées et sa faune sous-marine d'une richesse exceptionnelle. Les chercheurs ont découvert dans ses eaux vingt nouvelles espèces. *Plan F6*

Rizières, Sha Lo Tung

2 Hoi Ha Wan

Avec ses criques et ses baies abritées, ce parc maritime de 260 ha, au nord de Sai Kung, est le paradis des plongeurs. *Plan G2*

3 Marais de Mai Po

Déclaré site Ramsar (zone humide d'importance internationale) en 1995, Mai Po est l'une des réserves ornithologiques les plus riches de Chine. Des centaines d'espèces, mais aussi des phoques, des civettes, des chauves-souris et une foule d'amphibiens. *Plan D2*

4 Bride's Pool

À éviter le week-end (jours de pique-nique). En semaine, une chance de profiter en égoïste de cette sublime succession de piscines naturelles et de cascades sur fond de forêts. *Plan F2*

5 Pat Sin Range

À deux pas de Hong-Kong, la nature, dans toute sa grandeur et sa sérénité. Beauté sublime du Pat Sin Peak (« huit esprits »), qui culmine à 639 m, et de ses vallées désertes. *Plan F2*

6 Dragon's Back

Cette longue crête, ondulant vers le sud de l'île de Hong-Kong, offre sur la mer des vues

Gauche **Bride's Pool** Droite **River Valley, Pat Sin**

Sharp Peak et la plage de Ham Tin, Tai Long Wan

plongeantes pleines de poésie. Après Pottinger's Gap, profondes vallées boisées et plages. *Plan F5*

7 Jacob's Ladder

Depuis Three Fathom's Cove, gravissez les marches escarpées taillées dans la roche et pénétrez dans un univers de hautes terres isolées et de sentiers rocheux qui vous emmèneront, au nord, jusqu'au Mount Hallowes. Superbes vues sur le Tolo Channel. *Plan G3*

8 Sha Lo Tung

Proche de Hong-Kong, c'est le site le plus évocateur des paysages chinois traditionnels. Dans cette vallée secrète parcourue de rivières, découvrez la magie des rizières, des forêts ancestrales et des villages abandonnés. *Plan F2*

9 Ma On Shan

Pour un paysage de montagne en cinémascope, sans les gratte-ciel de Hong-Kong en arrière-plan. Avec son sommet culminant à 702 m, ses plateaux et ses pentes verdoyantes, le Ma On Shan (« Saddle Mountain ») est tout simplement majestueux. *Plan F3*

10 Tai Long Wan

Pour les courageux qui graviront les sentiers étroits aux roches instables du Sharp Peak, dans la péninsule de Sai Kung, la récompense sera au bout du chemin. Depuis le sommet, vue plongeante et imprenable sur les vagues étincelantes et le sable blanc de la plus belle plage de Hong-Kong *(p. 22-23)*.

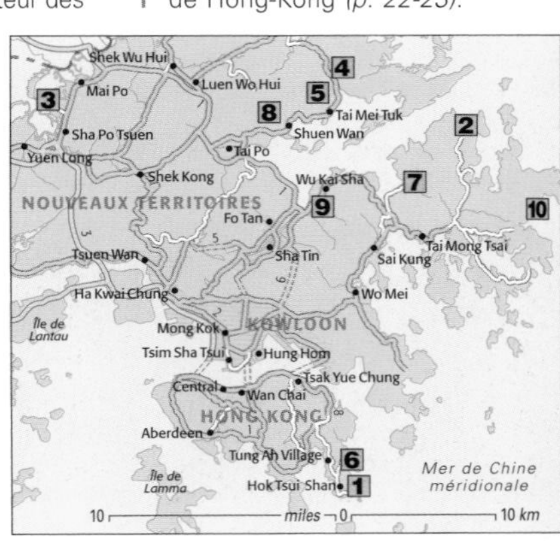

Autres sites naturels p. 105

De gauche à droite **Promenade du Cultural Center** ; **Le Peak** ; **Diseurs de bonne aventure, Temple Street**

TOP 10 Circuits et promenades

1 Le circuit du Peak

Cette balade tranquille d'une heure autour de Victoria Peak, le long de Harlech et de Lugard Roads, vous fera découvrir un panorama hallucinant sur la ville (au nord) et sur la mer (au sud). Avec en prime un aperçu des demeures des riches Hong-Kongais perdues dans la verdure *(p. 8-9)*.

2 Temple Street, marché de nuit

Prévoyez du temps, non parce qu'il est vaste (Temple Street s'étend sur un petit kilomètre), mais pour flâner au milieu des diseurs de bonne aventure, des « médecins » herboristes et des chanteurs d'opéra *(p. 18-19)*.

3 Le sentier MacLehose

Dans les Nouveaux Territoires, ce sentier long de 100 km est réservé aux vrais randonneurs. Les autres, notamment ceux qui privilégient les excursions d'une journée, peuvent se contenter d'en parcourir les parties les plus accessibles, parmi lesquelles le magnifique circuit autour du réservoir de High Highland.

Informations auprès du HKTA (p. 139)
• Plan G3

4 De Central à Western par Hollywood Road

À l'ouest des tours futuristes de Central, le charme d'une promenade dans un quartier à dimension humaine, avec ses magasins d'antiquités, ses galeries et ses bars, jusqu'aux rues typiques de Western et ses docks *(p. 58-61)*.

5 Promenade du Cultural Centre

Une promenade courte, qui part du terminal du Star Ferry à Kowloon et passe devant l'Inter-Continental. Le week-end, elle est envahie par des dizaines de familles accompagnées de leurs marmots. Elle permet de profiter de l'une des vues les plus animées du port *(p. 82-83)*.

6 Nathan Road

Le Broadway de Hong-Kong. Cette avenue animée et clinquante, appelée le Golden

Gauche **Un chemin paisible du Peak** Droite **Le marché de nuit de Temple Street**

Gauche **Nathan Road la nuit** Droite **Cheung Chau**

Mile, qui remonte la péninsule de Kowloon, commence avec les hôtels et les boutiques de luxe de la pointe sud, pour finir sur les karaokés crasseux et les vitrines bas de gamme des magasins du centre. Évitez d'y acheter du matériel électronique *(p. 81)*.

7 Hong Kong Land Loop

La plupart des tours prestigieuses de Central (Jardine House, Mandarin Oriental, Princes Building, Landmark Centre) appartenant au même conglomérat, le Hong Kong Land, celui-ci a eu la bonne idée de les relier par une série de passerelles. À faire, pour une vision aérienne et éthérée du cœur de la ville. ⓢ *Plan L5*

8 La Praya, Cheung Chau

Cette *praya* (ou front de mer) représente l'archétype même du village de pêcheurs idéal : les prises fraîches, les bateaux amarrés, les étals de marché et les gamins courant en tous sens. Ne manquez pas les magnifiques citernes à bras, seules et uniques voitures de pompier de l'île *(p. 24-25)*.

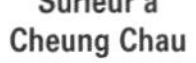

Surfeur à Cheung Chau

9 Le Green Trail Central

À deux pas des banques, des centres commerciaux et des bureaux du centre, ce sentier signalisé vous entraînera dans un univers ombragé de collines luxuriantes. Pour une heure de plaisir (à partir du terminus du tram, à Hong Kong Park). ⓢ *Plan L6*

10 Victoria Park

L'un des plus grands espaces verts de la ville. Venez-y de préférence tôt le matin, pour suivre les exercices des adeptes de *tai chi*. Ce merveilleux lieu de détente et de flânerie, loin de la frénésie urbaine, est très prisé par les Hong-Kongais *(p. 68-69)*.

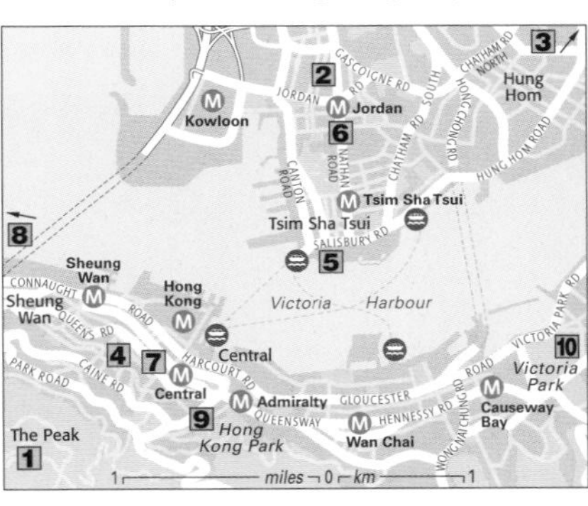

Gauche **Alibi** Droite **Kam Tak Lam**

TOP 10 Restaurants

1 T'ang Court

Cet hôtel-restaurant aux nuances ternes, sans fenêtres et climatisé, serait sans intérêt si la cuisine n'y était pas étonnante. Les clés de sa réussite reposent sur un sens incomparable de l'innovation et la pratique du *wok chi* (cuisson rapide au wok à très haute température). *1er étage Great Eagle Hotel, 8 Peking Road, Kowloon • Plan N4 • 2375 1133 • $$$$*

2 Le Verandah

De ses brunchs dominicaux frénétiques à ses dîners aux chandelles teintés de romantisme, ce restaurant chic du South Side plane au-dessus de ses concurrents. Ici, on peut parler de classe absolue, jusque dans les moindres détails. Une perfection impressionnante *(p. 77)*.

3 Gaddi's

Fréquenté par des têtes couronnées, des stars hollywoodiennes et des chefs d'État, Gaddi's est sans conteste le *must* de la cuisine française à l'est du canal de Suez. Attendez-vous au grand jeu, pour gros budgets : menu ultra-chic, service haut de gamme. Le paradis des amoureux du luxe *(p. 87)*.

4 Nicholini's

Vous ne prévoyiez pas de faire un petit voyage jusqu'à Hong-Kong pour manger italien? Dommage. Couronné de l'Insegna del Romano, qui récompense le meilleur restaurant italien à l'étranger, Nicholini's sert des plats d'une fraîcheur et d'un charme absolus. La cuisine du nord de l'Italie à son plus haut niveau. *8e étage, Conrad International, Pacific Place, Admiralty • Plan N4 • 2521 3838 • $$$$*

5 Alibi

Si un restaurateur, à Hong-Kong, n'a jamais cessé de chercher à améliorer le cadre et la qualité de son établissement, il s'agit bien de Nichole Garnaut. Avec Alibi, sa dernière aventure, elle réussit avec finesse et maîtrise à imposer son esprit

Gauche **La Verandah** Droite **One Harbour Road**

Pour les catégories de prix **p. 65**

Jimmy's Kitchen

créatif. Une cuisine française triomphante et haute en saveurs. Un raffinement en harmonie avec la clientèle *(p. 65)*.

6 M at the Fringe

Un lieu fantaisiste et branché grâce à ses menus originaux, à son atmosphère bohème (il se trouve au-dessus des galeries du Fringe Club) et à son excentricité poussée dans les moindres détails (couverts dépareillés). *M* sert une cuisine qui, au-delà de son inspiration méditerranéenne et moyen-orientale, développe une très libre interprétation des goûts et des saveurs. Personnel haut de gamme *(p. 65)*.

Fringe Club

7 One Harbour Road

La cuisine cantonaise constitue le sommet de l'art culinaire chinois, et One Harbour Road est l'un des meilleurs restaurants cantonais. Dès lors, préparez-vous à vivre une expérience culinaire d'un raffinement inconnu dans les fantaisies art déco du Grand Hyatt. ✆ *8e étage Grand Hyatt, 1 Harbour Road, Wan Chai • Plan N4 • 2588 1234 • $$$$*

8 Le Mandarin Grill

Cossu, capitonné, le club par excellence, si réaliste qu'on pourrait se croire au St James à Londres, exception faite de la cuisine : aucun gril londonien ne servirait des viandes d'une telle qualité (nous parlons ici de plats « haut de gamme »). Rien d'étonnant si les hommes d'affaires s'y attardent des heures avec brandys et cigares *(p. 65)*.

9 Kung Tak Lam

Un conseil aux végétariens épuisés par une cuisine souvent médiocre : courez chez Kung Tak Lam. Ce shanghanais léger et aérien vous offrira des merveilles que bien peu de restaurants végétariens pourraient préparer, ou même seulement imaginer. ✆ *31 Yee Wo St, Causeway Bay • Plan N4 • 2890 3127 • $$*

10 Jimmy's Kitchen

Si vous avez un jour rêvé de dénicher un restaurant qui semblerait surgi tout droit des années 1970 – où le menu offrirait des classiques aussi répandus que le poulet Kiev ou le poisson en papillottes Alaska –, alors réjouissez-vous et précipitez-vous. Jimmy's est le lieu incontournable pour tous les nostalgiques *(p. 65)*.

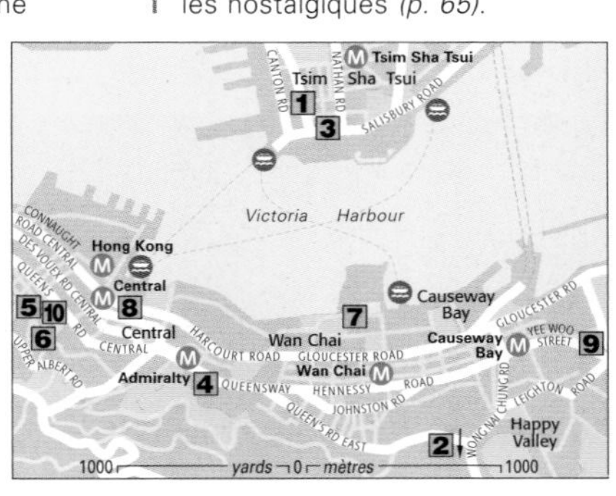

Gauche **Cha siu** Centre **Poisson séchant à Cheung Chau** Droite **Pak choi**

TOP 10 Plats

1 Cha Siu

C'est, virtuellement, le plat national de Hong-Kong. Son nom signifie « noirci et brûlé ». Rassurez-vous, il n'en est rien : les tendres filets de porc sont rôtis et glacés dans du miel et des épices puis suspendus aux fenêtres des rôtisseries. Ils sont servis en tranches fines, avec du riz vapeur et des légumes en julienne.

2 Moon Cake

Un délicieux gâteau fourré d'un mélange de pâte de lotus, de jaunes d'œufs et de graines de sésame, parfois parfumé à la noix de coco. Selon la légende, des révolutionnaires, dans la Chine impériale, s'envoyaient des messages en les glissant à l'intérieur de ces gâteaux.

3 Poisson entier à l'étuvée

À Hong-Kong, le poisson se prépare simplement avec un mélange d'huile d'olive, de sauce de soja, de coriandre et de ciboulette. Fraîcheur garantie dans les restaurants : le poisson est choisi vivant dans l'aquarium lors de la commande.

Poisson entier vapeur

4 Poulet Hainan

Morceaux de poulet vapeur, servis chaud ou froids, puis plongés dans une huile aromatisée aux jeunes oignons et au gingembre. En accompagnement : bouillon de volaille, quelques légumes et riz cuit à la vapeur (au-dessus du bouillon pour exalter sa saveur).

5 Poitrine de bœuf

Huit heures de cuisson, des recettes propres à chaque foyer ou restaurant, mais des incontournables : la poudre aux cinq épices chinoise, le sucre brun en morceaux et le zeste de mandarine. Servi dans un pot en terre cuite, comme plat unique ou sur des nouilles ou du riz.

Viandes séchées

6 Épinard d'eau

Un légume feuillu, à tige creuse, que l'on peut relever avec la fameuse sauce aux huîtres ou avec la pâte aux crevettes et à l'ail. Meilleur quand il est sauté avec des piments forts et du tofu semi-fermenté.

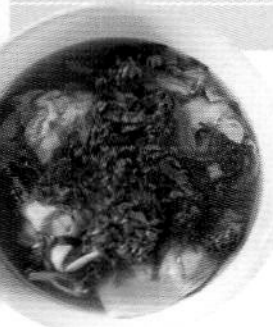
Soupe wonton

7 Wonton
Idéalement, ces délicieux raviolis de crevettes et de porc sont pochés dans un bouillon d'œufs de crevettes, d'anis et d'épices, puis servis avec des nouilles aux œufs fraîches et de la soupe.

8 Boulettes de poisson
Plat quotidien pour de nombreux Hong-Kongais, les boulettes de poisson émincé, relevées de poivre blanc et d'épices, puis pochées dans de l'eau de mer ou dans un bouillon de poulet, se dégustent en brochettes ou avec des nouilles et du bouillon pour un repas plus substantiel. Dans les restaurants traditionnels, on continue de les façonner à la main.

9 Calamar en croûte au sel et poivre
Rayez de votre mémoire le souvenir désastreux des calamars frits des restaurants chinois occidentaux, et goûtez les vrais, croustillants à souhait et gorgés de saveurs épicées. Ici, ils sont enrobés d'une pâte légère et frits très rapidement avec une grosse quantité de sel, de poivre blanc, d'ail et de piment.

10 Lai Wong Bau
Le pain chinois, cuit à la vapeur plutôt qu'au four (ce qui lui confère cette texture si douce et si veloutée) ressemble davantage à de la brioche. Il en existe différentes sortes, mais le *lai wong bau* fait figure de grand favori. Ces pains sont fourrés de lait, d'œufs, de noix de coco et de sucre, et le plaisir suprême consiste à les déguster bien chauds par un matin d'hiver.

Les 10 dim sum (boulettes)

1 Ha Gow
Des crevettes enrobées de farine de riz – un genre de ravioli très dodu.

2 Siu Mai
Porc émincé et morceaux de crevettes, garnis d'une pincée d'œufs de crabe.

3 Seen Juk Guen
Pâte de soja frite et croustillante, farcie de légumes. Excellente alternative au rouleau de printemps.

4 Gai Jaht
Du poulet et du jambon dans des feuilles de soja, servis avec une sauce onctueuse.

5 Lohr Bahk Goh
Navet écrasé et frit avec ciboulette, crevettes séchées et salami chinois.

6 Cheung Fun
Rouleaux de pâte de riz farcis de crevettes, de porc ou de bœuf, et enrobés de soja.

7 Chiu Chow Fun Gohr
De tendres boulettes aux cacahuètes broyées, porc émincé et légumes marinés. Elles ressemblent à un gâteau.

8 Chin Yeung Laht Jiu
Poivron vert farci de crevettes et poisson dans une sauce aux haricots noirs.

9 Ji Ma Wu
Un dessert riche à se damner, avec du sucre et du sésame broyé. Apporté chaud sur le chariot.

10 Ma Lai Goh
Gâteau de Savoie aérien, aux œufs et aux noix, cuit à la vapeur.

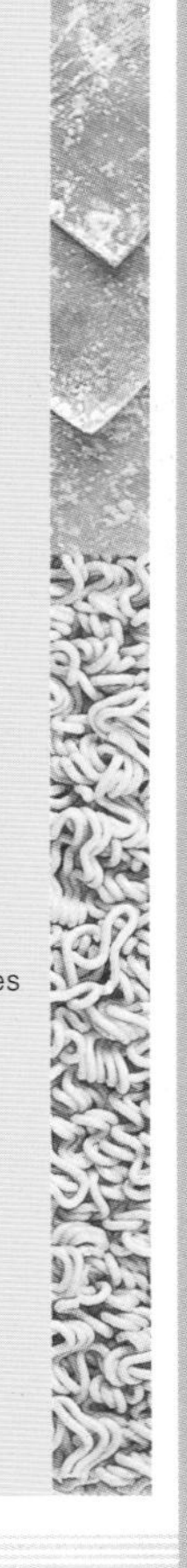

Gauche **Le Jazz Club** Droite **Visage Free**

Night-clubs

1 Felix

La classe absolue. Conçu par Philippe Starck, ce bar à l'ambiance chic et tamisée se trouve au sommet du célébrissime Peninsula Hotel. Atmosphère luxueuse, toilettes délirantes et vue sur le port. Si vous ne vous rendez que dans un seul bar à Hong-Kong, choisissez celui-là sans hésiter *(p. 87)*.

2 Foreign Correspondents Club

Tout club commémorant ses membres morts au combat sur les lieux, avec des plaques de cuivre vissées au-dessus de son bar, mérite d'entrer dans la légende. Réservé aux seuls membres et à leurs invités. *2 Lower Albert Rd, Central • Plan K6 • 2521 1511*

Club 64

3 Club 64

L'un des endroits de la ville où le terme « intégration » signifie quelque chose. Le nom de cette institution de Lan Kwai Fong fait référence au massacre de la place Tian'anmen : 6 pour le mois et 4 pour le jour. Certains soirs, on peut y voir des expatriés côtoyer des DJ chinois et des musiciens nigériens. Le cadre laisse un peu à désirer, mais le prix de la pinte y est correct et la clientèle plus que chaleureuse *(p. 64)*.

4 Kee

À l'entrée de ce bar superbe et résolument tendance, un clavier discret sur une porte anonyme. Tous ceux qui ont un nom à Hong-Kong se trouvent sur la liste de ses membres. Conséquence directe : la quasi-impossibilité d'y entrer. Inspiré du concept des cafés littéraires et philosophiques, *Kee* peut parfois donner l'impression d'en faire trop, mais il mérite le détour – si vous avez la chance de vous y faire inviter ! *6ᵉ étage, 32 Wellington St, Central • Plan K5 • 2186 1861*

5 Antidote

Avec ses meubles blancs modulaires et ses lumières psychédéliques, le décor semble destiné aux abonnés du magazine de décoration *Wallpaper*. Certains des meilleurs DJ de Hong-Kong (notamment Digital Cutup Lounge) se produisent dans ce lieu intime, très prisé par les jeunes branchés de la ville. Excellente sono *(p. 64)*.

6 Bottoms Up

Assouvissez vos vieux fantasmes « jambonnette » dans l'univers crépusculaire et capitonné de ce bar topless, surgi tout droit des années 1970 (il a servi de décor dans *L'Homme au pistolet d'or*). S'il avait plus de caractère

Gauche **Antidote** Droite **Quartier de Central la nuit**

du temps de sa légendaire propriétaire, l'ex-Windmill Girl Pat Sephton, son ambiance kitschissime fait toujours de Bottoms Up un *must (p. 86).*

7 The Jazz Club

En temps normal, ce bar minuscule et banal ne vaut même pas la peine qu'on le cite, mais lorsqu'un « maître » arrive en ville, il devient le lieu d'improvisations légendaires. Croyez-le ou non, mais Wynton Marsalis et Miles Davis ont joué sur la scène du Jazz Club, devant une centaine de petits veinards qui avaient été inspirés de s'y rendre ce soir-là. *2e étage, 34 D'Aguilar St, Lan Kwai Fong • Plan K5 • 2845 8477*

8 Visage Free

Une bonne alternative aux bars branchés des infatigables SoHo et BoHo. Au Visage Free, on méprise les impératifs commerciaux pour organiser des lectures mensuelles de poésie. Clientèle fidèle et éclectique. *Amber Lodge, 23 Hollywood Road, BoHo • Plan J5 • 2546 9780*

9 Feather Boa

À l'écart de l'artère bruyante de Staunton Street et de ses bars, se trouve ce joyau à l'entrée discrète, aux draperies d'or et aux sofas fin de siècle. La clientèle, jeune, appartient au monde fermé des médias et des arts. L'un des secrets les mieux gardés de SoHo, en espérant que cela dure ! *(p. 64)*

10 Dance parties

En Asie, Hong-Kong est une étape de choix dans le circuit international des DJ, et la ville a nourri plus de talents que de raison. Les soirées *dance,* en particulier dans les salles caverneuses du *HITEC,* sont parfaitement organisées. Pour plus d'informations, consultez les médias locaux. *Plusieurs sites*

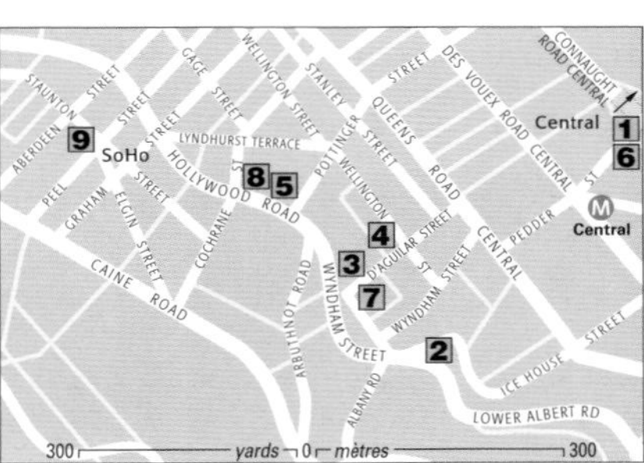

Gauche **Observation des dauphins** Centre **Rollercoaster, Ocean Park** Droite **Enfant, Kowloon Park**

TOP 10 Activités pour les enfants

1 Ocean Park

Ce n'est pas Disneyland, mais les enfants adorent les spectacles de dauphins et de lions de mer, ainsi que le télésiège (spectaculaire). Ces dernières années, début d'amélioration sur les attractions, qui constituaient le point faible, avec *Adventure Land*, son rollercoaster du *Mine Train* et la *Raging River*. Pour les petits enfants pas sages, une bonne menace : la section culturelle et historique du *Middle Kingdom* (empire du Milieu) ! *(p. 73)*

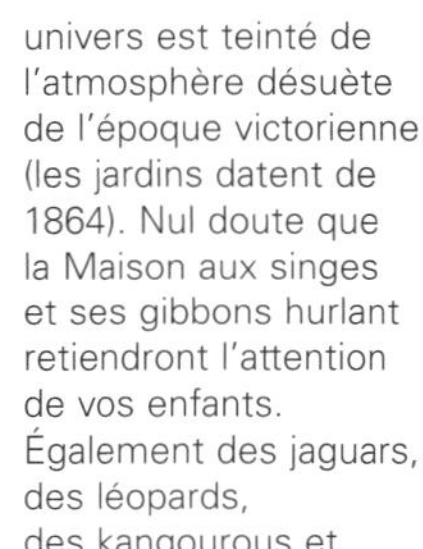

Ocean Park

2 Musée des Sciences

Nombreuses attractions interactives pour une approche à la fois distrayante et éducative de la science. Tout enfant normalement constitué passera des heures penché sur les boutons, les leviers et les gadgets en tout genre *(p. 82)*.

3 Jardins zoologique et botanique

Avec ses kiosques en fer forgé et ses sentiers bordés d'arbustes, cet univers est teinté de l'atmosphère désuète de l'époque victorienne (les jardins datent de 1864). Nul doute que la Maison aux singes et ses gibbons hurlant retiendront l'attention de vos enfants. Également des jaguars, des léopards, des kangourous et 280 espèces d'oiseaux. *Upper Albert Rd, Central • Plan K6 • Ouv. de 6h à 19h t.l.j. • Entrée libre*

4 Observation des dauphins

Vite ! Les eaux polluées menacent de tuer les derniers dauphins blancs chinois qui, soit dit en passant, sont rose pâle. *Hong Kong Dolphinwatch 15280 Star House, Tsim Sha Tsui • Plan B4 (dauphins) • 2984 1414 • Bus à 8h30 au Mandarin Oriental à Central et à 9h au Kowloon Hotel TST • Ouv. t.l.j. sauf lun. et dim. • Payant*

5 Ripley's Believe It Or Not

Les monstres et les horreurs habituelles, mais la montée au Peak en funiculaire vaut toujours le déplacement. À côté, le *Peak Explorer* avec son voyage virtuel

Gauche **Jaguar, Jardin zoologique** Droite **Peak Tram**

Gauche **Ripley's Believe It Or Not** Droite **Tramway traditionnel**

dans l'espace, et le musée de Cire de Mme Tussaud. ✆ *Niveau 3, Peak Tower, 128 Peak Road. • 2849 0668 • Plan E5 • Ouv. de 9h à 22h t.l.j. ; • Payant*

6 Lions Nature Education Centre

Beaucoup plus distrayant que son nom le laisse imaginer. On peut y voir des vergers, un *arboretum*, des jardins de pierre, mais surtout un *insectarium* où les vilains grands frères trouveront mille horreurs pour effrayer leurs petites sœurs. ✆ *Tsiu Hang, Sai Kung, Nouveaux Territoires • Plan G3 • 2792 2234 • Ouv. de 9h30 à 16h30 • Fermé le mar. • Entrée libre*

7 Patin à glace

La patinoire la plus accessible se trouve à Takooshing (un important centre commercial à l'est de l'île de Hong-Kong). Possibilité d'y patiner les jours de semaine, (le week-end est réservé aux cours). ✆ *Taikooshing • Plan F5 • Payant*

8 Tram Tour

Secousses, roulis et bruits de ferraille le long du front de mer ou vers Happy Valley. Souvent noirs de monde, lents et bruyants, les trams n'ont pas leur pareil pour vous faire découvrir Hong-Kong *(p. 138)*.

9 Kowloon Park

Dans le poumon vert de Tsim Sha Tsui, deux grandes piscines, l'une couverte et l'autre de plein air, des jardins pour flâner et une volière *(p. 83)*.

10 Snoopy World

Good grief ! Passez un moment avec le célèbre chien et son maître malchanceux, Charlie Brown. Un hommage coloré et drôle aux héros de la formidable BD de Charles Schultz, avec des personnages animés de 2 m de haut. Une soixantaine de Peanuts. ✆ *L3 Podium, New Town Plaza, Sha Tin, Nouveaux Territoires • Plan E3 • 2601 9178 • Ouv. de 10h à 22h • Entrée libre*

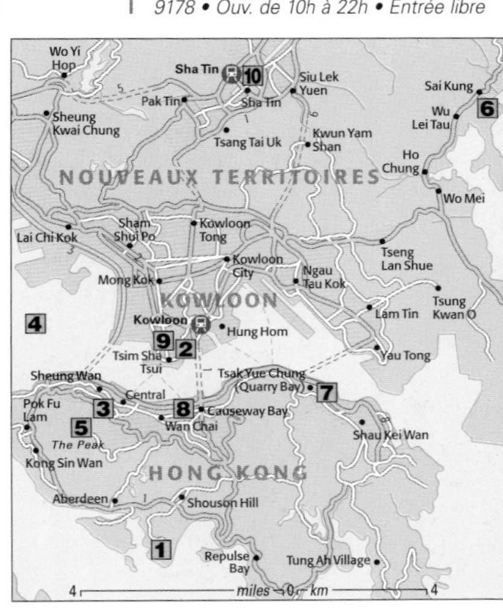

Pages suivantes **Port de Cheung Chau**

YAMAHA

HONG-KONG TOP 10

VISITER L'ÎLE DE HONG-KONG

VISITER KOWLOON

VISITER LA RÉGION

Gauche **Perroquet, Hong Kong Park** Centre **Escalator** Droite **Quartier de Central et le port**

Île de Hong-Kong – Le Nord-Ouest

Des tours de verre orgueilleuses de Central aux bars et galeries de SoHo, en passant par les docks et les rues pavées de Western, ourlées de boutiques bruyantes, le nord-ouest de l'île semble concentrer toutes les contradictions surréalistes de Hong-Kong. Au cœur des canyons de béton, encaissés entre les immeubles de bureaux et les banques futuristes, surgissent des marchés de rue traditionnels, des temples, des herboristeries, véritables chinatowns version hollywoodienne ; au gré de ces rues qui comptent probablement parmi les artères les plus commerçantes de toute l'histoire de l'humanité, vous pourrez tout trouver, du vin de bile de serpent au macchiato *brûlant.*

TOP 10 Les sites du Nord-Ouest

1. Hong Kong Park
2. Exchange Square et International Finance Centre
3. Ancienne Government House
4. Escalator
5. SoHo
6. Sheung Wan et Western
7. Lan Kwai Fong
8. Front de mer
9. Temple de Man Mo
10. Hollywood Road

Temple de Man Mo

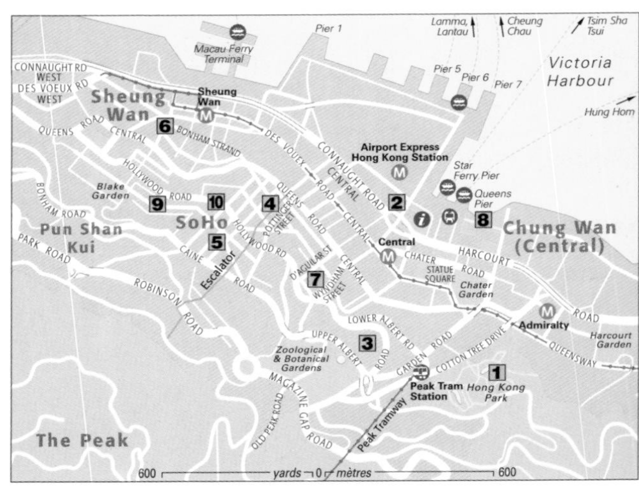

La volière, Hong Kong Park

1 Hong Kong Park

Si l'animation incessante de Central vous épuise, courez vous réfugier dans ce havre de paix. Outre ses espaces verts aux arbres ancestraux, ses lacs, son conservatoire, sa tour d'observation et son musée des services à thé (accès libre, à l'intérieur de Flagstaff House), il abrite une volière paisible et ombragée. Dans cette superbe jungle miniature aux cours d'eau paresseux, volent en liberté des dizaines d'oiseaux exotiques (entrée libre). *Plan L6*

2 Exchange Square et International Finance Centre

Comme son nom l'indique, Exchange Square est le cœur du marché financier. Si la Bourse n'est pas ouverte au public, le square, en revanche, constitue un lieu paisible pour venir se désaltérer ou se restaurer en plein air – un trésor à Hong-Kong. Autour de son imposante fontaine, vous pourrez admirer plusieurs sculptures, dont *Single Oval* de Henry Moore, *Water Buffalos* de « Dame » Elizabeth Frink et la statue *Tai-chi* de l'artiste taïwanais Zhu Mingh. *Plan L5*

3 Ancienne Government House

Ce grand bâtiment ancien, qui autrefois jouissait d'une vue sur le port, fut la résidence des gouverneurs britanniques de 1855 à 1997, date à laquelle le dernier d'entre eux, Chris Patten, rendit Hong-Kong à la Chine.
Son successeur, Tung Chee Hwa, prétexta le *feng shui* négatif de la Bank of China *(p. 42)* – dû à ses arêtes acérées – pour ne pas s'y installer et rester dans sa demeure du Peak. Dans les années 1940, les occupants japonais agrémentèrent sa structure géorgienne de tours de style *shinto*. Il est aujourd'hui utilisé à des fins officielles et fermé au public. *Plan L6*

4 Escalator

Une formidable curiosité. Long de 792 m et composé d'une succession d'escaliers mécaniques qui relient toutes les rues entre Queen's Road et Conduit Street, il est le moyen idéal pour découvrir à pied les quartiers escarpés de Central, Mid-Levels et SoHo. De 10 h à 24 h, il gravit la colline ; entre 6 h et 10 h (les heures de pointe du matin) son sens s'inverse. *Plan K5*

Sculpture de Frink, Exchange Square

Les 10 attractions de l'escalator des Mid-Levels **p. 41**

Gauche **Restaurant, SoHo** Droite **Objets d'art anciens, Hollywood Road**

5 SoHo

Au cours des dernières années, SoHo (qui doit son nom à sa situation au sud de Hollywood Road) est passé de la douce somnolence d'un quartier commerçant traditionnel à la frénésie d'un lieu branché où se multiplient bars, cafés et restaurants à la mode. Parmi les rues à arpenter : Elgin, Shelley et Staunton Streets. *Plan K5*

6 Sheung Wan et Western

Pour découvrir ces anciens quartiers traditionnels, situés à l'ouest des tours de Central et de ses magasins élégants, privilégiez la marche à pied. Étonnants étalages de poissons séchés aux odeurs pénétrantes, ginseng, nids d'hirondelles, serpents, herbes mystérieuses et offrandes en papier pour les morts. Flânez autour de Bonham Street. *Plan J4*

7 Lan Kwai Fong

Peu d'intérêt pendant la journée. En revanche, Lan Kwai Fong (ou Orchid Square) s'anime le soir lorsque les employés de bureaux se rendent dans sa multitude de bars, clubs et restaurants pour décompresser. Le vendredi soir, les rues se remplissent de fêtards, et notamment la minuscule Wing Wah Lane, face à Aguilar Street, avec ses bars et ses restaurants thaï, malais et indiens, d'un bon rapport qualité-prix. *Plan K5*

La peste

Au XIXe s., à l'instar de tant de villes au cours de l'histoire, Hong-Kong souffrit d'épidémies de peste dévastatrices, nées au cœur de quartiers surpeuplés et insalubres. C'est ici, en 1894, que la source du virus fut identifiée de façon quasi simultanée par deux médecins. Cette découverte révolutionna la prévention et le traitement de la maladie.

8 Front de mer

En sortant du Star Ferry, à Central, tournez à droite vers le front de mer (réduit à sa plus simple expression et peu mis

Temple de Man Mo

Statue Square, à Central **p. 10-11**

Quartier de Central

en valeur). Des bancs et une jolie vue sur Kowloon. Derrière vous, le Jardine House (l'immeuble le plus haut d'Asie pendant des années) et sa façade aux 1 700 fenêtres-hublots ; vers l'est, la silhouette de bouteille retournée du Prince of Wales HQ, l'une des casernes de l'armée chinoise à Hong-Kong. *Plan L-M5*

9 Temple de Man Mo

Il date de 1840 et est dédié aux dieux Man (dieu des Lettres) et Mo (dieu de la Guerre). Saturé d'odeurs entêtantes de bois de santal (les immenses spirales d'encens mettent deux semaines à se consumer), son intérieur rouge et or est obscur et mystérieux. Petit détail pour les cinéphiles : certaines scènes du film de Richard Mason, *Le Monde de Suzy Wong*, furent tournées dans ces lieux. *Extr. Western, Hollywood Rd • Plan J5*

10 Hollywood Road

La mecque des amateurs d'antiquités chinoises. Les bonnes affaires y sont plus rares qu'autrefois, mais à l'extrémité est de la rue on trouve toujours autant de magasins vendant des céramiques anciennes, de l'ivoire sculpté et de jolies tabatières. Pour des objets d'art anciens ou kitsch, des bibelots ou de vieilles pièces de monnaie, allez faire un tour sur Upper Lascar Row. Marchandage accepté, voire indispensable. *Plan J-K5*

Une journée à Central

Matin

À Des Vœux Road, prenez le tram vers Central ouest et descendez devant l'élégant bâtiment colonial du **Western Market** *(p. 38)* : flânez parmi les étals du rez-de-chaussée (surtout des bricoles), puis du premier (des tissus), avant de monter déguster de délicieux *dim sum.*

Autour de Bonham Strand, les apothicaires côtoient les boutiques de poissons séchés ou d'offrandes en papier. Grimpez jusqu'au très authentique **Temple de Man Mo** puis flânez en direction de **Hollywood Road** et de ses magasins d'antiquités.

Arrêtez-vous pour déjeuner ou boire un verre dans l'un des nombreux restaurants et bars de rues au sud (**SoHo**) ou plus bas, sur Hollywood Road, à **Lan Kwai Fong**.

Après-midi

Découvrez les produits frais des marchés situés autour de l'**escalator** *(p. 59)* et de Graham Street, avant de rejoindre **Statue Square** *(p. 10-11)*, cœur colonial de l'île.

Dirigez-vous vers les **centres commerciaux luxueux** *(p. 63)* ou, pour vous reposer, vers Queen's Pier, d'où vous aurez une belle vue sur le port. Pour un panorama spectaculaire, montez jusqu'à la terrasse panoramique de la **Bank of China** *(p. 42)*.

À deux pas, vous attendent l'ombre et la verdure du **Hong Kong Park** *(p. 59)*.

Gauche **Cathédrale St John** Centre **Poste de police colonial** Droite **Legco Building**

TOP 10 Vestiges coloniaux

1 Cathédrale St John
Achevée en 1850, St John ressemble à une simple église paroissiale plus qu'à une cathédrale. Elle est la plus ancienne église anglicane du Sud-Est asiatique. *Plan L6*

2 Statue de George VI
Érigée en 1941 dans les Jardins botanique et zoologique, elle commémore 100 ans de règne britannique. *Plan K6*

3 Noms de rue coloniaux
On retrouve l'héritage colonial dans de nombreux noms de rue inspirés de personnages royaux (Queen's Road), de politiciens (Peel Street), de militaires (D'Aguilar, Pedder) et de fonctionnaires (Bonham, des Vœux). *Plan K5–6*

4 Ancienne boîte aux lettres
Parmi les dernières boîtes aux lettres traditionnelles vertes, en fonte, frappées du sceau royal britannique, jetez un œil sur celle située à l'extrémité nord de Statue Square. *Plan L5*

5 Ancien hôpital militaire
Le bâtiment imposant situé entre Bowen et Borrett Roads est un ancien hôpital militaire. *Bowen Road • Plan L6*

6 Poste de police de Hollywood Road
L'un des derniers vestiges de la loi et de l'ordre coloniaux à être toujours debouts, avec la prison Victoria. *Plan K5*

7 Flagstaff House
Construit au milieu des années 1840, Flagstaff House est l'un des plus vieux bâtiments coloniaux. Il abrite aujourd'hui le musée des Services à thé. Entrée libre. *Hong Kong Park • Plan L6*

8 Duddell Street
Rien de spectaculaire, mais les lampes à gaz et les marches de Duddell Street datent de 1870. *Donne sur Ice House St • Plan K5*

9 Legco Building
L'élégant bâtiment néo-classique du Legislative Council, achevé en 1911 et dans lequel siégeait la Cour suprême de Hong-Kong, abrite aujourd'hui le Parlement de la ville. *Plan L5*

10 Missions étrangères
L'ancienne Mission française (construite en 1927) est reconvertie en cour d'appel de Hong-Kong, un nom peu approprié quand on connaît ses liens avec Pékin, teintés d'une légère soumission. *Battery Path • Plan L6*

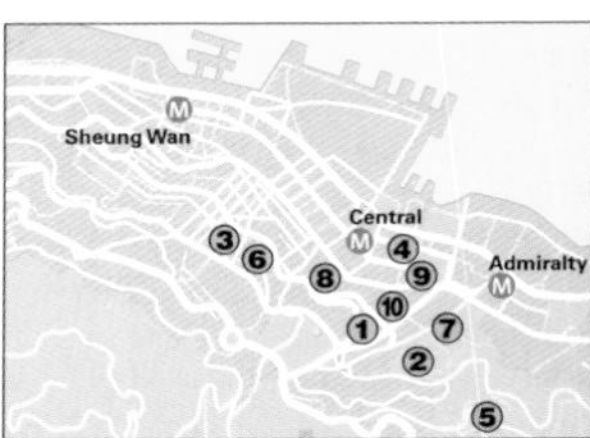

Gauche **Landmark Centre** Droite **Lane Crawford**

TOP 10 Magasins et boutiques de luxe

1 Landmark Centre
Centre commercial aussi luxueux que moderne, avec ses enseignes illustres de Chanel, Dior, Zegna, Versace, Prada, Vuitton, Bulgari et Tiffany. *Pedder St • Plan L5*

2 Seibu
Vêtements de créateurs, cosmétiques, articles ménagers et alimentation sur quatre étages. *Pacific Place, 88 Queensway, Admiralty • Plan M6*

3 Lane Crawford
Vêtements haut de gamme de la plupart des créateurs occidentaux, articles pour la maison, produits de beauté, verre et porcelaine (de l'exotique à la pacotille). *Pacific Place, 88 Queensway, Admiralty • Plan M6*

4 Prince's Building
Moins de grands noms du luxe qu'au Landmark Centre, mais l'endroit est plus calme, aéré et lumineux.Vêtements de marque et accessoires de créateurs. *Statue Square et Des Vœux Rd • Plan L5*

5 Pedder Building
Ne compte pas parmi les meilleurs, mais beaucoup de soldes intéressants sur les vêtements de créateurs. Plus spécialisée dans la mode féminine. *Pedder St • Plan L5*

6 Gucci
Un temple dédié au dieu italien Gucci, tenu par d'élégantes prêtresses. Aurez-vous les moyens de venir l'honorer ? *Landmark Centre, G1 • Plan L5*

7 Dragon Culture
Chez cet antiquaire, poteries de la plupart des dynasties, sculptures de bambou, tabatières. *231 Hollywood Rd • Plan K5*

8 Fetish Fashion
Des articles qui plairont aux fétichistes, dans un magasin chic dédié aux travestis et aux amoureux du cuir. À voir : la famille des *teddy bears* en cuir. *Merlin Bldg, 32 Cochrane St • Plan K5*

9 Shangai Tang
De très habiles variations à partir de vêtements et ornements traditionnels chinois, par David Tang. Les deux articles de base sont les vestes et les montres Mao kitch. *The Pedder Bldg • Plan L5*

10 David's Shirts
La chemise est la spécialité de cette institution de Hong-Kong. Pour une chemise sur mesure, comptez deux jours. *Mezzanine. Mandarin Oriental, Queen's Rd • Plan L5*

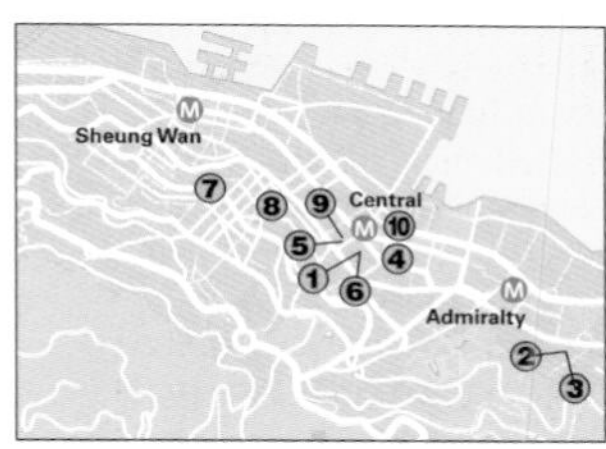

Gauche **Antidote** Centre **Club 64** Droite **V13**

TOP 10 Bars et clubs

1 Antidote
Intérieur blanc, éclairage psychédélique. Un bar tendance au fond d'une ruelle. *15-19 Hollywood Rd • Plan K5 • 2826 6559*

2 Club 64
Son nom évoque le massacre de la place Tian'anmen, le 4 juillet 1989 (4e jour du 6e mois). Un bar sympathiquement branché, repère d'anarchistes et de gens des médias. Tendance gauchiste et sol carrelé. *12-14 Wing Wah Lane, Lan Kwai Fong • Plan K5 • 2523 2801*

3 One Fifth
One Fifth est sans conteste le bar le plus animé du moment. Pour ses hauts plafonds, son beau monde et son ambiance branchée. S'écrit aussi : 1/5. *9 Star St • Plan K5 • 2520 2515*

4 V13
Les plus blasés seront ébahis par le choix hallucinant de vodkas. La prison Victoria se trouve en face. *13 Old Bailey St • Plan K5 • SoHo • 2802 1313*

5 Phi-b
Une réussite. Nouveau DJ chaque soir. Vous pouvez y aller les yeux fermés. Les grands soirs, la fête déborde sur le trottoir. *2e sous-sol, 79 Wyndham St, SoHo • Plan K5 • 2869 4469*

6 Feather Boa
Pour avoir l'impression de boire un verre chez sa vieille tante. Un magasin d'antiquités reconverti en bar. *38 Staunton St, SoHo • Plan K5 • 2857 2586*

7 Club «97»
Madonna et Delon y passèrent quand il s'appelait le Post 97. Plus calme aujourd'hui, et on ne s'en plaint pas. *Rez-de-chaussée sup, 9-11 Lan Kwai Fong • Plan K5 • 2810 9333*

8 Chater Lounge
Le genre d'endroit où l'on s'attendrait à croiser Sinatra : verres de whisky qui débordent, moquette épaisse à s'y noyer et cigares obscènes. Réservé aux joueurs. *Ritz Carlton, 3 Connaught Rd, Central • Plan L5 • 2877 6666*

9 Fringe Club
Le lieu artistique alternatif de Hong-Kong. Un répit agréable après les bars à bière bruyants de Kwai Fong. *2 Lower Albert Rd, Central • Plan K6 • 2521 7485*

10 Rice Bar
Pionnier de la métamorphose du quartier en lieu branché. Tendance homo, mais tout le monde est le bienvenu. *33 Jervois St, Western • Plan K5*

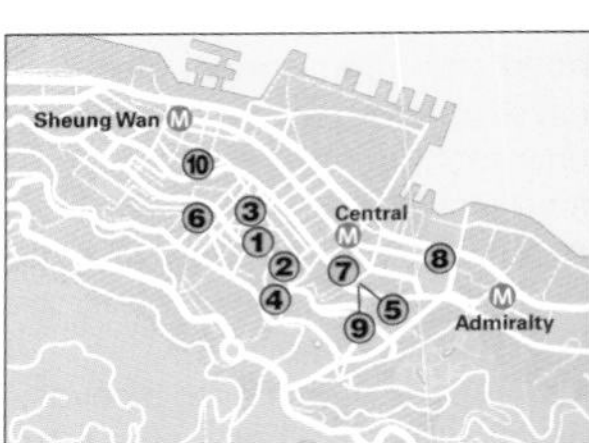

Catégories de prix

Prix moyen pour une personne, comprenant 3 plats et une demi-bouteille de vin (ou repas équivalent), service inclus.		
	$	moins de 100 HK$
	$$	de 100 à 250 HK$
	$$$	de 250 à 450 HK$
	$$$$	de 450 à 600 HK$
	$$$$$	plus de 600 HK$

Gauche **Blue** Droite **Yung Kee**

TOP 10 Restaurants

1 Alibi
Une clientèle impressionnante (de Noami Campbell à Chow Yun-fat) et une cuisine française inspirée. *73 Wyndham St, SoHo • Plan K5 • 2167 8989 • $$$*

2 Mandarin Grill
Une référence en matière de cuisine cantonaise haut de gamme, une vue vertigineuse sur le port et un service à faire pâlir d'envie une cour impériale. *Mandarin Oriental, 5 Connaught Rd • Plan L5 • 2522 0111 • $$$$*

3 M at the Fringe
Parmi les premiers vrais restaurants indépendants de Hong-Kong, M a su devenir une institution sans perdre son caractère original. *Niveau 1, 2 Lower Albert Rd • Plan K6 • 2877 4000 • $$$$*

4 Blue
Façade en verre (les gens viennent pour être vus), mais nouvelle cuisine australienne excellente qui garantit une notoriété durable. *43 Lyndhurst Terrace, SoHo • Plan K5 • 2815 4005 • $$$*

5 Indochine
Volets de bois, tons pastel et habiles compositions de cuisine vietnamienne régionale : un parfum du vieil Hanoi. *2e étage, California Tower, 30-32 D'Aguilar St • Plan K5 • 2869 7399 • $$$*

6 Ye Shanghai
Déco chinoise avec alcôves, rideaux d'organza et motifs rétro. Excellente cuisine de Chine du Nord. *One Pacific Place • Plan M6 • 2918 9833 • $$$$*

7 Jimmy's Kitchen
Un lieu couru pour sa décoration limite mauvais goût (cuir et bois foncé) et son menu rétro. Bonne cuisine de bistro depuis des générations. *1-3 Wyndham St • Plan K5 • 2526 5293 • $$$*

8 Yung Kee
En salle, serveuses casquées. Bruyant et agité : on sert jusqu'à 30 volailles par jour. Essayez le rôti d'oie. *32-40 Wellington St • Plan K5 • 2522 1624 • $$$*

9 Joyce
Pour se faire voir plus que pour se restaurer. Le lieu de passage des super-nantis hongkongais. *L'Atrium, One Exchange Square • Plan L5 • 2810 0807 • $$$*

10 Kau Kee
Goûtez sa poitrine de bœuf aux nouilles et vous saurez pourquoi on lui a offert un jour des millions pour sa recette. Lieu de pèlerinage. *21 Gough St • Plan J5 • 2850 5967 • Pas de cartes bancaires • $*

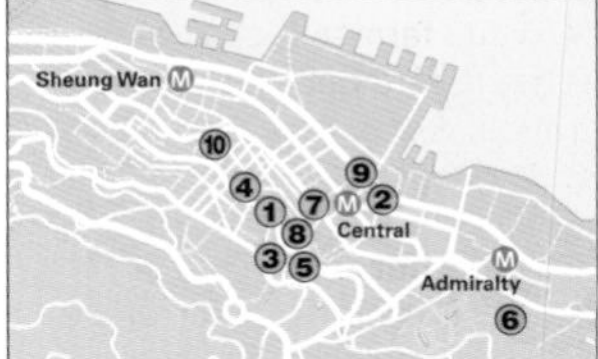

Sauf indication contraire, tous les restaurants acceptent les cartes bancaires.

Gauche **Canon** Droite **Restaurant tournant, Hopewell Centre**

Île de Hong-Kong – Le Nord-Est

Premier à réagir au boom démographique de la capitale coloniale, le nord-est de l'île de Hong-Kong a gardé jusqu'à la fin des années 1970 sa réputation de quartier populaire. Elle perdure aujourd'hui dans les bars à strip-tease et les boutiques de tatouage de Wanchai, le quartier où Richard Manson écrivit Le Monde de Suzy Wong*, et où des générations de marins connurent leurs nuits d'ivresse. Désormais, la tendance serait plutôt aux Starbucks, aux hôtels-appartements et bureaux de standing, aux courses nocturnes et frénétiques de Happy Valley, la mecque des turfistes, et aux myriades de restaurants et boutiques de Causeway Bay. Plus loin, parmi les entrepôts sans charme et les immeubles de bureaux de Quarry Bay et Chai Wan, surgissent quelques jolies surprises – jazz live, mini-brasseries et boîtes de nuit.*

Néons dans le « Vieux » Wan Chai

TOP 10 Les sites du Nord-Est

1. Central Plaza
2. Le canon
3. Convention and Exhibition Centre
4. Lockhart Road
5. Le « Vieux » Wan Chai
6. Courses de Happy Valley
7. Hopewell Centre
8. Victoria Park
9. Port anti-typhon de Causeway Bay
10. Temple de Tin Hau

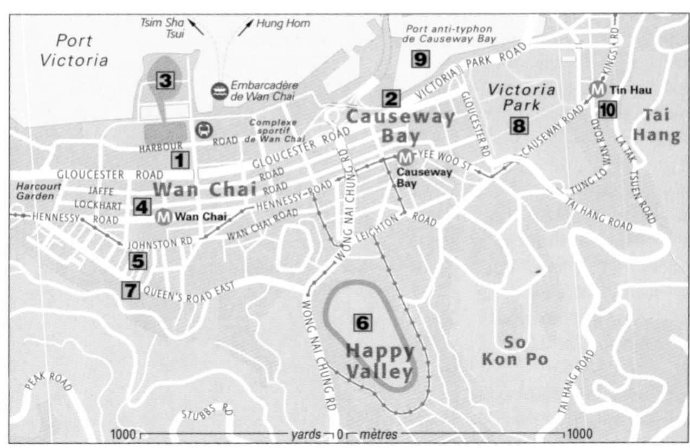

Central Plaza

1 Central Plaza

Peut-être les promoteurs ont-ils pensé que « Central Plaza » sonnerait mieux que « Wan Chai Plaza », ou se sont-ils dit que Wan Chai était plus central que Central, si l'on se réfère au cœur même du front de mer hong-kongais. Quoi qu'il en soit, c'est l'immeuble le plus haut de la ville, culminant à 374 m. *18 Harbour Rd, Wan Chai • Plan N5 • Terrasse panoramique 46e étage : de 9h à 17h du lun. au ven.*

2 Le canon

Chaque jour à midi, depuis 1860, un coup de canon retentit dans la baie (il saluait à l'origine l'arrivée ou le départ du *Taiwan*). Certains paient pour avoir l'honneur de le tirer (l'argent est versé à des œuvres de charité) ; à défaut, un artilleur en uniforme traditionnel s'en charge. Il fut immortalisé dans une chanson de Noël Coward « Mad Dogs and Englishman ». *Près du port anti-typhon de Causeway Bay • Plan Q5 • Pour tirer : 2599 6111*

3 Convention and Exhibition Centre

Il ressemble à ce que serait l'Opéra de Sydney si un marteau gigantesque s'abattait sur son toit. Selon les architectes, ses lignes fluides sont censées évoquer un oiseau en vol. Ce fut une course contre la montre pour terminer à temps ses travaux d'agrandissement en vue de la cérémonie de la rétrocession de 1997 (l'événement y est commémoré par un obélisque noir). Des *rave party* et des concerts de musique pop y sont parfois organisés. Coût total : 5 billions de HK$. *1 Harbour Rd, Wan Chai • Plan N5 • 2582 8888*

4 Lockhart Road

Rendue célèbre par le roman de Richard Manson *Le Monde de Suzy Wong*, cette artère de Wan Chai où soufflait un parfum de scandale concentre aujourd'hui un curieux mélange de bars douteux avec de vieilles *Mamasans* (ayant connu la guerre du Vietnam) pickpockets, de discothèques minables, de faux pubs anglais et de restaurants et bars ultra-branchés. Travaux perpétuels qui ne font qu'ajouter au vacarme. *Plan M-P6*

Convention and Exhibition Centre

Immeubles contemporains **p. 42-43**

Gauche **Courses à Happy Valley** Droite **Hopewell Centre**

5 Le « Vieux » Wan Chai

Ce quartier pourrait s'appeler la « Petite Thaïlande » de Hong-Kong. Des douzaines d'épiceries et de restaurants thaï modestes sont apparus au cœur du marché de Wan Chai et de son labyrinthe de ruelles, entre Johnston Road et Queen's Road East. On y sert les mêmes plats que dans les restaurants thaï chic situés à quelques pâtés de maisons, mais au quart de leur prix. *Plan N6*

6 Courses de Happy Valley

Le mercredi soir, de septembre à juin, le gazon du célèbre champ de courses (un ancien marais où sévissait la malaria) résonne du grondement des sabots. Des turfistes passionnés et des mises plus élevées que sur n'importe quel autre hippodrome au monde *(p. 12-13)*.

Qu'est devenue Suzie Wong ?

Beaucoup de ceux qui viennent pour la première fois à Hong-Kong ont en tête une image de Wan Chai – celle de l'Hôtel Luk Kwok avec ses prostituées au grand cœur et ses *rickshaw*, tout droit sortis du film *Le Monde de Suzi Wong*, lui-même tiré du roman de Richard Mason. Cette image a 40 ans. L'hôtel d'origine a été détruit en 1988 et l'immense tour de béton et de verre qui l'a remplacé (mais qui a conservé son nom) abrite désormais bureaux et restaurants. Si Susie Wong a survécu, nul doute qu'elle rit amèrement aujourd'hui.

7 Hopewell Centre

Magnat du bâtiment, Gordon Wu a construit des routes en Chine, participé à la construction d'une voie ferrée à Bangkok, mais le Hopewell Centre reste sa réalisation la plus célèbre. Au sommet de ce cylindre de 66 étages, derrière Wan Chai, un restaurant tournant vertigineux sert une cuisine assez moyenne, que compense une vue spectaculaire, notamment la nuit et au crépuscule. *183 Queen's Rd East, Wan Chai • Plan N6 • 2862 6166*

Victoria Park

8 Victoria Park

Le plus grand parc de la ville (où a lieu le marché aux fleurs du nouvel an chinois) date de 1957. On y trouve une piscine, des courts de tennis, des terrains de boule gazonnés, une tribune où, chaque dimanche midi, des politiciens en herbe viennent haranguer la foule, et

Causeway Bay

une statue en bronze de l'austère reine Victoria qu'un « artiste activiste » badigeonna un jour de peinture rouge. *Plan Q-R5*

9 Port anti-typhon de Causeway Bay

Un port bondé où de vieux rafiots incrustés de coquillages et d'anciens *gin palaces* partagent les lieux avec des yachts somptueux. Au pied de la digue qui les protège des vents violents soufflant régulièrement sur la côte de la mer de Chine méridionale, des péniches d'habitation, pittoresques et fleuries, sont ancrées à l'année. Quand vous êtes face à la mer, l'édifice imposant du Yacht Club de Hong-Kong se trouve sur votre gauche. *Plan Q5*

10 Temple de Tin Hau

Ni le plus grand ni le plus connu des temples dédiés à la déesse chinoise de la Mer, mais certainement le plus accessible. Mérite une visite si vous êtes dans le quartier. Détail surprenant : il se trouvait auparavant sur le front de mer. En dehors des fêtes chinoises, seuls quelques fidèles viennent y prier et allumer leurs bâtonnets d'encens. *Plan R6*

Une journée de flânerie

Matin

Commencez par une promenade vivifiante dans le **Hong Kong Park**, véritable havre de verdure cerné par les buildings. Avec un peu de chance, vous y verrez des couples en grande tenue attendant leur tour pour se marier au Cotton Tree Drive Registry Office. Allez visiter l'Edward Youde Aviary, étonnante volière aux filets gigantesques abritant une multitude d'oiseaux d'Asie du Sud-Est.

Après avoir dépassé les tours noires imposantes de la Citybank, dirigez-vous vers **Pacific Place** *(p. 63)* pour y boire un café et faire du lèche-vitrine, puis vers le port. Admirez, sur votre droite, les courbes aériennes du **Convention and Exhibition Centre** *(p. 67)*. Derrière ses hautes baies vitrées, jolies vues sur la baie.

Après-midi

Retournez déjeuner à Wan Chai, sur **Lockhart Road** *(p. 67)*. À cette heure-là, les établissement louches dorment encore et vous trouverez des restaurants thaï, mexicains, chinois et de cuisine traditionnelle *(p. 71)*.
Sur Hennessy Road, sautez dans un tram qui vous emmènera à Causeway Bay, à l'est de Wan Chai. Vous pouvez aussi prendre le métro (une station). Descendez à Times Square, excellent point de départ pour le shopping et la découverte du quartier. Si le bruit vous fatigue, réfugiez-vous au **Victoria Park** avant d'aller vous offrir un cocktail chez Totts, au sommet de l'Hôtel Excelsior.

Gauche **Sogo** Droite **Joe Bananas**

TOP 10 Magasins

1 Page One
La meilleure librairie de Hong-Kong. Grand choix de romans et d'essais à des prix raisonnables. Les livres sont tous exposés côté couverture. *B1 Times Square, A Matheson St, Causeway Bay • Plan P6*

2 Jusco
L'une des plus importantes chaînes japonaises dans un quartier populaire. On le ressent dans ses prix modiques. Mode, alimentation, articles pour la maison. *Kornhill Plaza 2, Korhnill Rd, Quarry Bay • Plan F5*

3 Sogo
Un magasin très apprécié pour ses produits japonais, même s'il n'est pas « à la page », selon les critères de Seibu. *(p. 63)*. *555 Hennessy Rd, Causeway Bay • Plan P6*

4 Island Beverley
Cette galerie mystérieuse est truffée de petites boutiques vendant les créations de jeunes stylistes locaux. *1 Great George St, Causeway Bay • Plan Q5*

5 Fashion Walk
Son ambiance rappelle celle d'Island Beverley. Nombreuses boutiques intéressantes et bonnes affaires sur les produits de beauté. Essayez aussi D-Mop. *Paterson St, Causeway Bay • Plan Q5*

6 J-01
Point d'orgue des collections branchées de cette boutique « cool » voire délirante, la *Splatter Collection* de l'artiste japonais Dehara Yukinori. Ne manquez surtout pas ses sculptures, dont *Killed Person et Brainman*. Tout simplement hallucinant. *57 Paterson St, Causeway bay • Plan Q5*

7 Mitsukoshi
Un autre grand magasin japonais moins chic que Sogo ou Seibu. *500 Hennessy Rd, Causeway Bay • Plan P6*

8 Marathon Sports
Baskets et articles de sport en tout genre sur des centaines de mètres carrés. Bout. *616, 6e étage Times Square, 1 Matheson St, Causeway Bay • Plan P6*

9 Tapis Tai Ping
Bon choix de jolis tapis luxueux. Possibilité de se les faire expédier. *816, 8e étage Times Square, Causeway Bay • Plan P6*

10 Lee Gardens
Prada, Paul Smith, Versace, Christian Dior et Cartier. Destiné à ceux qui en ont les moyens. *33 Hysan Ave, Causeway Bay • Plan Q6*

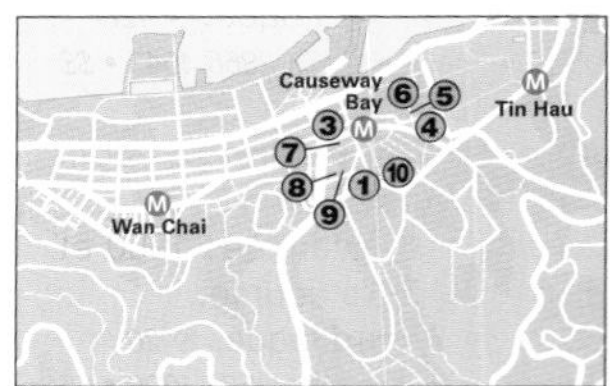

Fat Angelo's

Catégories de prix

Prix moyen pour une personne, comprenant 3 plats et une demi-bouteille de vin (ou repas équivalent), service inclus.

$	moins de 100 HK$
$$	de 100 à 250 HK$
$$$	de 250 à 450 HK$
$$$$	de 450 à 600 HK$
$$$$$	plus de 600 HK$

TOP 10 Bars et restaurants

1 Tango Martini
Le bar le plus *in* de Wan Chai : canapés zèbres, cuisine sélect et les meilleurs martinis de la ville, sur une musique très « Dean Martin ». *3e étage Empire Land Commercial Centre, 81-85 Lockart Rd • Plan N6 • 2528 0855 • $$$*

2 Time After Time
Un bar minuscule prisé par le beau monde. Bonne sélection de vins et super-musique. *118 Jaffe Rd, Wan Chai • Plan N6 • 2865 0609*

3 Joe Bananas
Pour son marché à la viande la nuit, et sa bonne cuisine bistro le jour. À éviter pendant la semaine du Rugby 7's *(p. 37)*. *Coin de Luard Rd et de Jaffe Rd, Wan Chai • Plan N6 • 2529 1811 • $$$*

4 Fat Angelos
Pains énormes et portions de pâtes gargantuesques. N'en faites pas votre cantine, vous finiriez par ressembler au patron. *414 Jaffe Rd, Wan Chai • Plan N6 • 2574 6263 • $$$*

5 Orange Tree Bar and Grill
La dernière preuve de la renaissance de Wan Chai. Cuisine hollandaise et art contemporain loufoque. *128 Lockhart Rd • Plan N6 • 2866 4545 • $$*

6 American Peking Restaurant
Ouvert dans les années 1950 et toujours dans la course. Excellent canard laqué. *20 Lockhart Rd • Plan N6 • 2527 1000 • $$*

7 The Old China Hand
Une légende vivante, même si son ambiance a changé depuis la disparition de sa façade murée au profit de portes en verre plus tendances. Sert toujours une bonne cuisine bistro et de la bière fraîche. *104 Lockhart Rd • Plan N6 • $$*

8 Totts Asian Grill and Bar
Totts signifie « tout le monde en parle ». Ce qui n'est pas le cas. En revanche, belles combinaisons de saveurs, bar à sushi et vue panoramique. *Excelsior Hotel, Gloucester Rd • Plan Q5 • 2837 6780 • $$$*

9 Brecht's Circle
Le meilleur parmi les restaurants-bars chic de Causeway Bay. Des portraits pop-art de Hitler, Mao et Mussolini veillent sur une clientèle éclectique. *123 Leighton Rd • Plan Q6 • 2577 9636 • $$*

10 Brown
Happy Valley a également été envahi par une profusion de bars à vin et cafés-restaurants. Que dire de celui-ci ? Que son décor est marron. *18A Sing Woo St • 2891 8558 • $$*

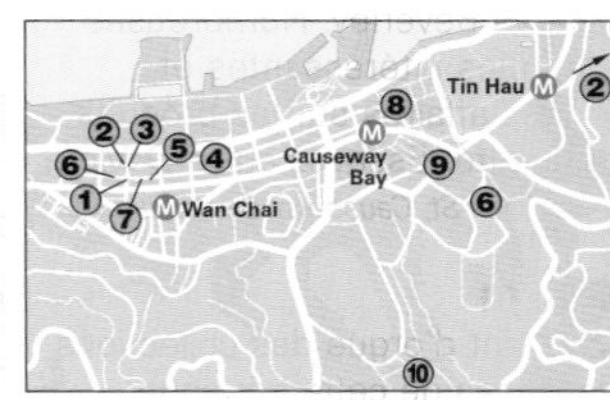

Sauf indication contraire, tous les restaurants acceptent les cartes bancaires.

Gauche **Panda géant, Ocean Park** Droite **Restaurants flottants**

Île de Hong-Kong – Le Sud

Alors que l'est et l'ouest de l'île de Hong-Kong disparaissent peu à peu sous les lotissements, le sud (ou Southside) conserve son authenticité et sa nature sauvage. Son littoral déchiqueté, ses collines boisées et ses plages isolées étonneront ceux qui ne voient en Hong-Kong qu'une gigantesque métropole. Si vous quittez le centre-ville par le tunnel d'Aberdeen, vous découvrirez un univers lumineux de terrains de golf, marinas et villas cossues, les plages de Repulse Bay et Deep Water Bay, le spot de surf de Big Wave Bay ; plus loin, Stanley et ses vendeurs de colliers de corail et d'anciennes pipes d'opium, puis le village préservé de Shek O dont les maisons de bord de mer sont devenues la coqueluche des citadins branchés. Enfin, Dragon's Back et sa crête plongeant vers le sud-est de la péninsule, le paradis des plus belles randonnées avec vue sur la mer de Chine.

TOP 10 Les sites du Sud

1. Port d'Aberdeen
2. Restaurants flottants
3. Ocean Park
4. Deep Water Bay
5. Repulse Bay
6. Shek O
7. Dragon's Back
8. Stanley
9. Ap Lei Chau
10. Cimetière chinois

Ocean Park

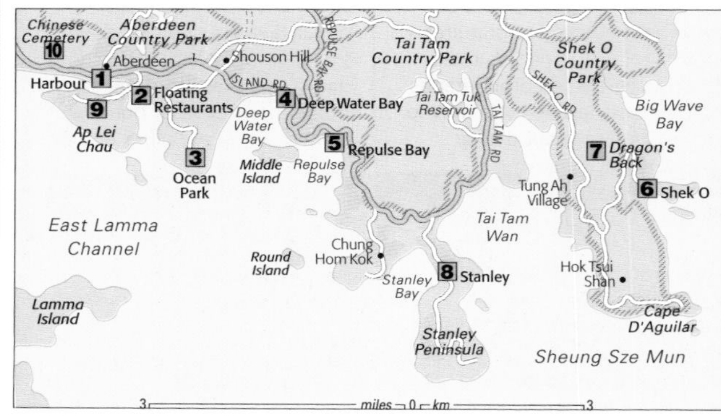

Port d'Aberdeen

1 Port d'Aberdeen

Malgré le déclin de la pêche industrielle (dû à la pollution et à la pêche intensive), le joli port d'Aberdeen, aujourd'hui cerné par les immeubles, demeure le refuge d'une multitude de jonques à l'arrière haut et carré. Quittez rapidement le centre (très laid) et allez photographier les sampans et leurs couronnes de pneus, ou faire un tour sur le marché aux poissons, situé à l'extrémité ouest du port, pour assister au chargement des prises sur les camions. *Plan E5*

2 Restaurants flottants

Les trois immenses restaurants flottants du port, pris d'assaut par les touristes, comptent parmi eux le célèbre Jumbo, réputé pour avoir servi plus de 30 millions de personnes. Repas à la chaîne dans un cadre clinquant, à des prix aussi peu séduisants que la cuisine. Pour les rejoindre, navettes gratuites ou sampans (plus rigolos mais plus chers) dont les propriétaires vous repèrent avant votre arrivée. Les deux permettent d'avoir un bon aperçu du port avec ses bateaux et ses chantiers de construction. Mais si vous avez faim, filez en ferry vers Lamma et ses restaurants de fruits de mer *(p. 117)*. *Plan E5*

3 Ocean Park

Ce vaste parc d'attractions, riposte hong-kongaise à Disneyland, risque de devenir le parent pauvre quand le géant américain va s'installer sur l'île en 2005. En attendant, vous trouverez ici de quoi vous occuper, vous et vos bambins, une journée entière : rollercoasters, pandas géants et attractions aquatiques dont l'*Atoll Reef*, qui recrée l'habitat et la vie maritime sur un récif de corail *(p. 54)*. *Plan E5 • 2552 0291 • www.oceanpark.com.hk • Ouv. t.l.j. de 10h à 18h, 23h en haute saison • Payant*

4 Deep Water Bay

Un petit air de Méditerranée souffle sur le front de mer de Deep Water Bay, très apprécié des baigneurs et de la population aisée qui vit dans ses luxueuses villas. De taille moyenne, la plage est surveillée par des maîtres nageurs, dispose d'un filet anti-requin et son eau est généralement de bonne qualité. Comme toutes celles de Hong-Kong, elle est bondée dès l'apparition du soleil. *Plan E5*

Gauche **Marché aux poissons, port d'Aberdeen** Centre **Aquarium, Ocean Park** Droite **Deep Water Bay**

Gauche **Repulse bay** Droite **Shek O**

5 Repulse Bay

Autre destination très populaire, la plage de Repulse Bay, qui, malgré ses hordes (passagères) de baigneurs, reste propre et bien entretenue. Pour boire ou manger un morceau, le choix ne manque pas, des petits cafés de plage au Verandah *(p. 77)*, restaurant luxueux appartenant au même groupe que le Peninsula Hotel. À l'extrémité sud de la plage, le Hong Kong Lifeguards Club mérite une visite pour ses statues de dieux et de bêtes fabuleuses. *Plan F5*

6 Shek O

Village intact, Shek O mérite le déplacement (assez long, en train et bus). Un lieu d'une exquise sérénité, que viennent troubler le week-end les adorateurs du dieu soleil. Allez jusqu'au cap admirer les étonnantes formations rocheuses battues par les vagues, sur fond de brise rafraîchissante. À Big Wave Bay (vers le nord, allez-y à pied ou en taxi), possibilité de surf et de *body boarding*. Après tous ces efforts, filez au charmant Black Sheep *(p. 77)*, bar-restaurant aux allures méditerranéennes où vous pourrez savourer la bière de vos rêves. *Plan F5*

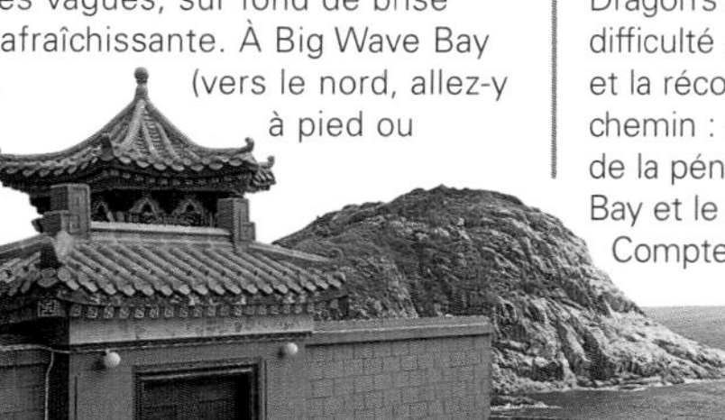

Maison en bord de mer, Shek O

La défense de Hong-Kong

Les Anglais ont toujours assuré la défense côté mer. En revanche, le Nord est resté vulnérable, faille dont ont su profiter les Japonais au cours de la Seconde Guerre mondiale, en envahissant l'île par le continent. Des centaines de civils furent enfermés dans la prison de Stanley ; nombre de personnes mortes au combat ou durant l'occupation reposent dans le cimetière voisin.

7 Dragon's Back

Sur la carte, cette randonnée de 6 km paraît longue et ardue. En réalité, le chemin qui grimpe doucement vers la crête du Dragon's Back ne présente aucune difficulté pour un marcheur normal, et la récompense est au bout du chemin : vues sur la côte escarpée de la péninsule d'Aguilar, Big Wave Bay et le charmant Shek O. Comptez 3 heures, sans vous presser ; de quoi vous ouvrir l'appétit avant l'arrivée à Shek O. N'oubliez pas les bouteilles d'eau ! *Plan F5*

8 Stanley

Ancien village de pêcheurs, Stanley fut l'une des plus grandes villes de l'île avant l'arrivée des Anglais et l'installation d'un fort sur sa péninsule stratégique. S'il reste des vestiges de ces deux époques, les principaux attraits – justifiés – de Stanley sont ses nombreux et excellents restaurants du front de mer et son marché *(p. 16-17)*.

9 Ap Lei Chau

Située face au port d'Aberdeen, Ap Lei Chau (île du Canard) est censée être l'île la plus peuplée du monde. Record non usurpé : elle disparaît sous les gratte-ciel. Sachez que l'extrémité sud de l'île est le royaume des magasins d'usine. Sinon, près du quai d'embarquement des ferries, quelques petites entreprises familiales, chantiers de constructions et temples ont survécu à la folie immobilière.
Plan E5

Cimetière chinois

10 Cimetière chinois

Sur la colline surplombant Aberdeen, le cimetière chinois est le lieu idéal pour les rois de la photo (superbes sujets dans le cimetière lui-même et le port en contrebas). L'ascension de son escalier interminable (et raide !) reste synonyme d'exploit, surtout les jours de canicule. *Plan E5*

Le tour de l'île

Matin

Ce tour de l'île de Hong-Kong est parfaitement faisable dans la journée, à condition de ne pas partir trop tard.

De Central, prenez un bus pour **Aberdeen**, descendez près du **port** *(p. 73)* et négociez un tour en sampan. Vous serez assailli par les demandes, mais n'attendez de votre « guide » aucun commentaire explicatif. Tentez d'apercevoir les dernières péniches qui sont encore ancrées ici.

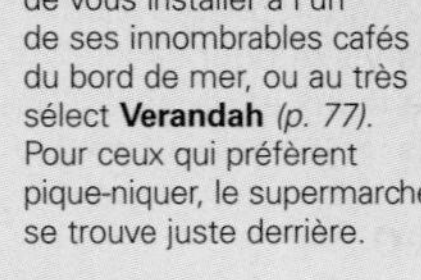

Pour déjeuner, évitez les restaurants flottants « industriels » du port et allez à **Repulse Bay** (15 min en bus) où vous pourrez profiter de la plage avant de vous installer à l'un de ses innombrables cafés du bord de mer, ou au très sélect **Verandah** *(p. 77)*. Pour ceux qui préfèrent pique-niquer, le supermarché se trouve juste derrière.

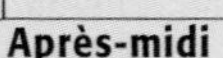

Après-midi

En continuant vers le sud, sur la côte, vous arriverez dans la charmante ville de **Stanley.** Pour ceux qui n'auraient pas encore déjeuné, les restaurants y sont excellents, avec de jolies vues sur la mer pour certains. Allez ensuite flâner sur son **marché**, (vêtements et souvenirs) même s'il est loin d'être le meilleur de Hong-Kong *(p. 39)*.

Pour finir la journée, rejoignez en bus ou en taxi le parc de Tai Tam. Un chemin le traverse qui permet de rejoindre Wong Nai Chung Gap, d'où bus et taxis reviennent en ville.

Gauche **G.O.D.** Centre **Verandah** Droite **El Cid**

TOP 10 Magasins d'usine de Ap Lei Chau

1 Horizon Plaza
Une tour plutôt minable, à l'extrémité d'Ap Lei Chau *(p. 75)*. De nombreux magasins d'usine y vendent des vêtements dégriffés, des meubles en gros, des objets anciens et d'ameublement. Pour y aller, le plus simple est de prendre un taxi à Aberdeen. *2 Lee Wing St, Ap Lei Chau • Plan E5*

2 Joyce Warehouse
Ce lieu justifie sans doute le trajet pénible jusqu'à Horizon Plaza. Vaste choix de vêtements de créateurs dégriffés. Remises de 60 % sur Armani et marques identiques. *21e étage, Horizon Plaza*

3 Replay
Magasin d'entrepôt et d'échantillons. Stocks limités de vêtements sport, mais réductions importantes frôlant souvent les 80 %. *7e étage, Horizon Plaza*

4 Inside
Magasin d'usine modeste d'une chaîne de boutiques d'ameublement chic. Quelques articles soldés avec des remises pouvant aller jusqu'à 90 %. *16e étage, Horizon Plaza*

5 Birdcage
Ici, vous trouverez surtout de l'art chinois ancien en provenance de Birdcage, le magasin des propriétaires sur le continent. Bibelots faciles à emporter et mobilier. *22e étage Horizon Plaza*

6 Toys Club
Petit magasin proposant un choix superbe de jouets et de jeux éducatifs à prix d'usine. *9e étage, Horizon Plaza*

7 G.O.D.
Cette chaîne haut de gamme propose des articles de luxe pour la maison – du mobilier à la vaisselle. Pas de remises particulières, mais il mérite le détour. *6e étage, Horizon Plaza*

8 Matahari
Une boutique et un entrepôt de vente en gros où s'entassent antiquités chinoises et reproductions, coussins et rideaux, lampes en soie de style Shanghaï et meubles pour enfants peints à la main. *1er étage, Horizon Plaza*

9 Table Top
Attendez-vous à des remises de 30 à 50 % dans ce petit magasin d'export et de vente en gros où vous trouverez de la fine porcelaine anglaise (marque Spode), des verres en cristal et des couverts. *10e étage, Horizon Plaza*

10 Golden Flamingo
Le Golden Flamingo vend de tout, des babioles innombrables (parmi lesquelles une jolie collection de vases chinois, de cadres photos et de boîtes à bijoux laquées), au mobilier cher et encombrant. *10e étage, Horizon Plaza*

Sauf indication contraire, tous les restaurants acceptent les cartes bancaires.

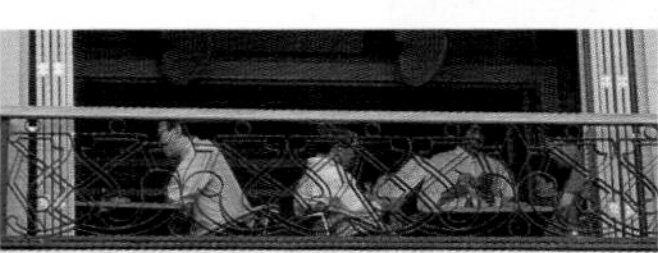

Saigon

Catégories de prix

Prix moyen pour une personne, comprenant 3 plats et une demi-bouteille de vin (ou repas équivalent), service inclus.		
	$	moins de 100 HK$
	$$	de 100 à 250 HK$
	$$$	de 250 à 450 HK$
	$$$$	de 450 à 600 HK$
	$$$$$	plus de 600 HK$

TOP 10 Bars et restaurants

1 Verandah
Le meilleur restaurant du Southside. Chandelles, vue sur la mer et parfum colonial d'antan. Le lieu pour une sortie en amoureux... à gros budget. *109 Repulse Bay Rd, Repulse Bay • Plan F5 • 2812 2722 • $$$$*

2 Black Sheep
Dans une ruelle tranquille du village bohème de Shek O, sur la côte sud-est, ce café végétarien vous attirera comme une exquise oasis. *452 Shek O Village • Plan F5 • 2809 2021 • Pas de cartes bancaires • $$*

3 Welcome Garden
Une cuisine cantonaise maison, d'une authenticité irréprochable, servie au bord de la plage. *770 Shek O Village • Plan F5 • 2809 2836 • Pas de cartes bancaires • $$*

4 Hei Fung Terrace
Bien qu'il soit mal situé (dans un centre commercial), il reste le meilleur restaurant chinois de Repulse Bay. Goûtez les sublimes *dim sum* puis allez faire un tour sur la plage en contrebas. *Niveau 1, Repulse Bay Shopping Arcade • Plan F5 • 2812 2622 • $$$$*

5 El Cid
Après une sangria et des tapas sur le grand balcon colonial de ce restaurant espagnol haut de gamme, Stanley se teintera d'une légère atmosphère ibérique. Les plus jolies vues depuis le front de mer. *102 Murray House, Stanley Plaza • Plan F6 • 2899 0858 • $$$$*

6 Saigon
Un restaurant vietnamien sympathique. Au crépuscule, les romantiques iront s'attabler sur son balcon. *1er étage, 90 Stanley Main St • Plan F6 • 2899 0999 • $$$*

7 Tai Fat Hau
La plupart des établissements de Repulse Bay étant destinés aux millionnaires locaux, le Tai Fat Hau est une aubaine pour les budgets modestes. Sert jusqu'à 2 h 30. *16 Beach Rd, Repulse Bay • Plan F5 • 2812 2113 • $*

8 Balcony Café
Certes, Balcony Café est dans un supermarché, mais le petit déjeuner sur sa terrasse ensoleillée, face à la mer, est l'une des bonnes adresses inconnues du Southside. *Park'N'Shop, Stanley Plaza • Plan F6 • 2813 5672 • $*

9 Smuggler's Inn
Le Smuggler's Inn, vestige d'une époque où les soldats britanniques venaient y dépenser leur paye, a échappé à la transformation de Stanley en lieu branché. *90A Stanley Main St • Plan F6 • 2813 8852 • $*

10 Lucy's
Apprécié depuis toujours pour sa bonne cuisine aux influences méditerranéennes. Ambiance détendue, qualité irréprochable ; sert de bons déjeuners légers. *64 Stanley Main St • Plan F6 • 2813 9055 • $$*

Pages suivantes **Plover Cove, Nouveaux Territoires**

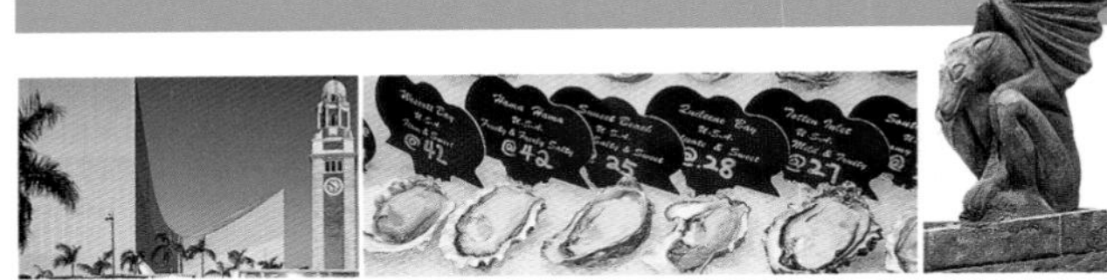

Gauche **Cultural Centre** Centre **Huîtres, Sheraton Hotel** Droite **Gargouille, Boom Bar**

Kowloon – Tsim Sha Tsui

Honnêtement, Tsim Sha Tsui (contracté en TST par égard pour tous ceux qui ne pratiquent pas le cantonais) demeure la parodie du quartier touristique dans un port asiatique, avec ses tailleurs et ses vendeurs supportant mal les « casse-pieds » et ses bars à hôtesses spécialisés dans les tournées ruineuses. Mais TST n'est pas que cela. On y trouve également de nombreux sites culturels de qualité internationale, des musées, des galeries d'art, des hôtels d'un luxe hallucinant – le Peninsula, l'Intercontinental, le Great Eagle – et le monolithe de Harbour City, royaume de tout ce dont on peut rêver en matière de produits et de services.

Peninsula Hotel

TOP 10 Les sites de TST

1. Golden Mile
2. Peninsula Hotel
3. Musée d'Histoire
4. Musée de l'Espace
5. Musée des Sciences
6. Musée d'Art
7. Mosquée de Kowloon
8. Cultural Centre
9. Clocktower
10. Kowloon Park

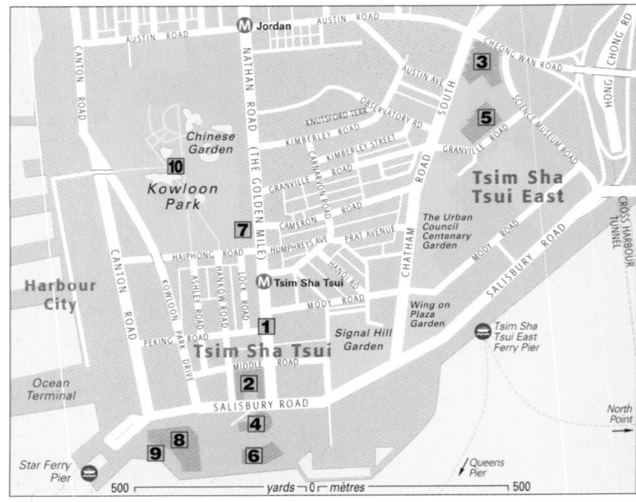

Golden Mile

1 Golden Mile

Cette artère qui part du front de mer et remonte Nathan Road mériterait davantage le qualificatif de « Neon Mile » ! Moins clinquante que Central, elle aligne bars, restaurants, tailleurs, magasins de photo et d'électronique avec, de temps en temps, le bar *topless* de rigueur. La foule y est si dense que parcourir cette rue relève de l'exploit. *Plan N1-4*

2 Peninsula Hotel

La palme d'or du luxe. Serein et majestueux, il se dresse face au panorama vertigineux de l'île de Hong-Kong et, malgré quelques promotions, ses tarifs les plus bas correspondent aux tarifs les plus élevés de nombre d'hôtels haut de gamme (une nuit dans la suite du Peninsula vous reviendra au prix d'une voiture neuve !). Il se targue de posséder 8 bars et restaurants, dont Felix, de Philippe Stark, et Gaddi's, restaurant haut de gamme pour connaisseurs *(p. 87)*. Vous pouvez arriver par hélicoptère sur le toit ou demander que l'on vienne vous chercher en Rolls. *Salisbury Rd, Kowloon • Plan N4 • Voir aussi p. 147*

3 Musée d'Histoire

Flambant neuf, il vient d'être rénové et a coûté la bagatelle de 400 millions de HK$, dont la moitié pour la Hong Kong Story, qui a l'ambition de raconter l'histoire de Hong-Kong depuis sa naissance, il y a 400 millions d'années ; mais le survol de l'époque coloniale suscite des controverses. La galerie des portraits des gouverneurs s'arrête avec sir Mark Young, parti en 1941. *100 Chatham Rd South • Plan M3 • Ouv. de 10h à 18h t.l.j. • Entrée payante*

4 Musée de l'Espace

Le passé vous fatigue ? Tournez-vous vers le futur. Le curieux dôme du Space Museum, au cœur de Tsim Sha Tsui, abrite une salle omnimax et des attractions interactives telles que la marche sur la Lune. *Cultural Centre Complex, 10 Salisbury Rd • Plan N4 • Ouv. de 10h à 21h sam. et dim., de 13h à 21h lun., mer. et ven. Fermé le mar. • Entrée payante (libre le mer.)*

Gauche **Musée d'Histoire** Droite **Musée de l'Espace**

Gauche **Musée des Sciences** Droite **Cultural Centre**

5 Musée des Sciences

Si vous avez le courage d'affronter une foule d'écoliers hurlants, vous trouverez ici des attractions interactives tout à fait fascinantes, dotées de suffisamment de boutons à pousser, de gadgets à essayer et de leviers à tirer pour satisfaire les enfants les plus blasés. Les principes de base de chimie, de physique, de biologie et autres sciences y sont expliqués de manière moins rébarbative qu'à l'école.

2 Science Museum Rd • Plan P3 • Ouv. de 10h à 21h sam. et dim., de 13h à 21h du mar. au ven. • Entrée payante

6 Musée d'Art

Encore en forme pour un musée ? Celui-ci propose de belles collections de tableaux, d'eaux fortes, de lithographies et de calligraphies, de tessons de poteries et d'objets du néolithique retrouvés en Chine du Sud, ainsi que d'élégantes porcelaines de nombreuses dynasties chinoises.

10 Salisbury Rd • Plan N4 • Ouv. de 10h à 18h du lun. au mer. et du ven. au dim. Fermé le jeu. • Entrée payante (libre le mer.)

Musée d'Art

Chungking Mansions

Devenu légendaire pour sa résistance acharnée aux menaces de démolition. Une triste succession de maisons sales, à trois étages, au cœur du scintillement de Nathan Road, dont les rez-de-chaussée sont occupés par des boutiques, des fast-foods et des vidéo-clubs minables où les drogués viennent s'affaler parmi les rats et les fils électriques dénudés. Le cinéaste hong-kongais Wong Karwai en a fait le décor de son succès de 1994, *Chungking Express*. Le meilleur moyen de découvrir l'endroit est de s'arrêter dans l'un de ses restaurants indiens à trois sous *(p. 87)*.

7 Mosquée de Kowloon

À l'heure de la prière, la plupart des musulmans hong-kongais se retrouvent au Jamia Masjid Islamic Centre. Possibilité de s'y rendre mais obligation de retirer ses chaussures et d'adopter un comportement respectueux. Entrée dans la salle de prières interdite, sauf si vous êtes musulmam et désirez prier.

105 Nathan Road • Plan N3 • Ouv. de 5h à 22h t.l.j. • Prières Jumah ts les ven. à 13h15

8 Cultural Centre

La vue était sublime ? Les architectes ont eu le génie de bâtir le premier édifice sans fenêtres et de le recouvrir d'un carrelage rose estampillé toilettes publiques ! L'un des plus beaux gâchis architecturaux du XXᵉ s.

Clocktower

mais de bons spectacles (danse et théâtre).
10 Salisbury Rd • Plan M-N4 • Guichet : de 10h à 21h30 t.l.j. • 2734 2010

9 Clocktower

Si le Kowlon-Canton arrive aujourd'hui à Hung Hom, il terminait autrefois son voyage à la Clocktower, tout comme le célébrissime *Orient Express (p. 14)*. D'ici 2003, la ligne du KCR devrait de nouveau être prolongée jusqu'à ce lieu mythique, bon point de départ d'une promenade sur le front de mer (environ 1 km), avec peut-être la chance d'apercevoir un pêcheur optimiste lançant sa ligne dans le port. *Plan M4*

10 Kowloon Park

Si vous êtes à TST et craignez qu'un nouveau « Contrefaçon ? Tailleur ? » vous fasse entrer dans la catégorie des criminels en puissance, alors précipitez-vous dans ce parc et allez vous détendre sur un banc ombragé. Il y a une grande piscine (réputée pour être un lieu de drague homosexuelle), une volière et un lac avec des flamants roses et autres oiseaux.
Haiphong Rd • Plan M-N3 • Ouv. de 6h à 24h t.l.j.

Kowloon Park

Une matinée de promenade

Tôt le matin

En embarquant sur le **Star Ferry** *(p. 14-15)* pour TST, regardez sur votre gauche West Kowloon Reclamation. Si le *Mass Transit Railway Corporation* arrive à ses fins, une tour qui prétendra au titre d'immeuble le plus haut du monde s'y dressera d'ici 4 à 5 ans.

Si vous avez survécu à la bousculade de la descente (attention aux vieilles femmes en pyjama !), dirigez-vous vers la **Clocktower** pour admirer l'un des panoramas les plus époustouflants. Traversez ensuite Salisbury Road, direction le **Peninsula Hotel** *(p. 81)* pour un thé très sélect.

Armez-vous de courage pour affronter la foule du **Golden Mile** *(p. 81)*, et un conseil : à moins de vouloir un nouveau costume ou une robe, ne croisez jamais le regard des racoleurs ; ils ne connaissent pas les refus et sont sans pitié pour les faibles.

Déjeuner

Quand vous serez fatigué des artères polluées, des racoleurs et des bousculades, traversez Haiphong Road pour rejoindre le **Kowloon Park**. Pour vous reposer et regarder les passants.

Enfin, si votre estomac commence à crier famine, retournez sur Nathan Road, au Joyce Café, pour ses plats végétariens à bons prix et ses *tais-tais* (riches oisives) qui comparent leurs emplettes de la matinée. Excellents expressos, capuccinos et délicieuses lasagnes aux légumes.

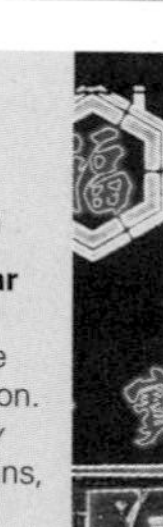

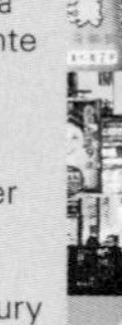
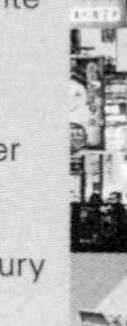
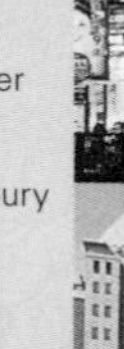
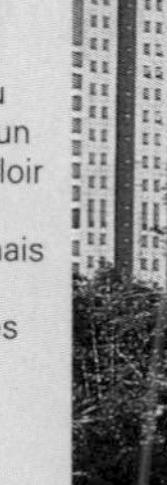
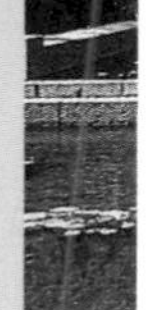

Gauche **Chungking Mansions** Centre **Kowloon Park** Droite **Kangaroo Pub**

TOP 10 Postes d'observation

1 The Avenue

Demandez une table côté rue, de préférence sous la verrière. Derrière les baies vitrées qui courent du sol au plafond, vous pourrez profiter du défilé sur Nathan Road en dégustant une cuisine aux saveurs imaginatives. *50 Nathan Road • Plan N4 • 2369 3111 • $$$*

2 Chungking Mansions

Pour assister à un défilé incessant de phénomènes de toutes sortes, voire de voyous, accostés par des armées de rabatteurs. Distrayant *(p. 82, 87 et 152).*

3 Mirador Mansions

Moins célèbres que les précédents, mais divertissants. Pour ceux qui raffolent des individus douteux. *54-64 Nathan Rd • Plan N4*

4 Kowloon Park

Allez vous asseoir sur les bancs proches de la fontaine, au cœur du parc. L'été, défilé continu d'une foule colorée *(p. 83).*

5 Felix

Si vous n'avez pas les moyens d'y dîner, offrez-vous un verre au bar. Pour observer ceux qui s'observent *(p. 87).*

6 Harbour City

Paradis des curieux. Gigantesque labyrinthe de centres commerciaux truffé de cafés et de bancs où s'installer pour assister à l'orgie de consommation *(ci-contre).*

7 Kangaroo Pub

Pour boire votre bière, n'hésitez pas à aller vous asseoir derrière les fenêtres de ce pub australien surplombant l'entrée du Kowloon Park et ses banyans géants *(p. 86).*

8 Planet Hollywood

Uniquement pour voir de pauvres parents regretter de s'être laissés entraîner par leur progéniture dans ce temple du mauvais goût et du mercantilisme. *Harbour City • Plan M3 • 2377 7888 • $$-$$$*

9 Haagen Daaz

L'oasis glacée des jours de canicule. Perché sur l'un des tabourets du bar en verre, regardez la foule pressée se bousculer sur le Golden Mile. *Coin de Nathan Rd et Peking Rd • Plan N4*

10 Chaser's Pub

Le top pour observer la foule branchée de la Knutsford Terrace. Un des secrets les mieux gardés de Hong-Kong. *2-3 Knutsford Terrace • Plan N3*

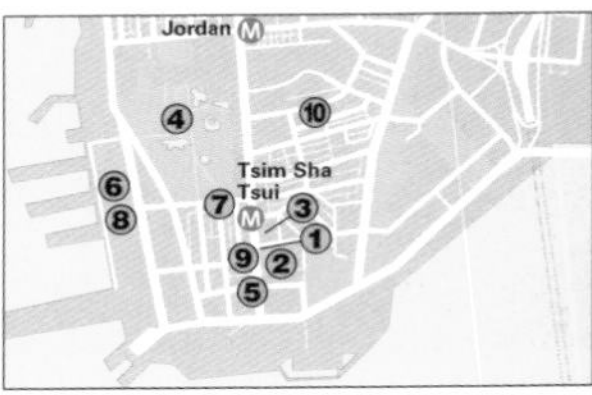

Catégories de prix **p. 87**

Gauche **Centre Commercial de Harbour City** Droite **Joyce**

TOP 10 Boutiques

1 Harbour City
Ce gigantesque complexe de centres commerciaux – parmi lesquels Ocean Terminal, Ocean Centre et Golden Gateway – s'étire le long de Canton Road. Au moins 700 boutiques. Réservé aux accrocs du shopping. *Canton Rd • Plan M3-4*

2 Granville Road
Pour les T-shirts souvenirs et les grands noms à prix cassés et de second choix. Chez Bossini et Giordano, excellent rapport qualité-prix. *Plan N3*

3 Joyce
Malgré des moments difficiles, sa fondatrice, Joyce Ma, demeure une icône. Boutique amirale à Central, succursale tout aussi impressionnante sur Nathan Road, surtout pour les Prada-maniacs ! *23 Nathan Rd • Plan N4*

4 Rise Commercial Building
Un extérieur banal, mais un paradis pour les branchés avant-gardistes. *Coin de Chatham Rd South et Granville Rd • Plan N3*

5 Beverley Centre
Le pionnier de la mode sophistiquée à TST. Étage après étage, petites boutiques de jeunes créateurs locaux. *87-105 Chatham Rd South • Plan N3*

6 Davidoff
Une impressionnante collection de cigares accessibles. *Boutique EL3, Peninsula Arcade • Plan N4*

7 Star House
Le *must* pour les ordinateurs, les logiciels et toutes sortes de gadgets stupides. Marchandez. *3 Salisbury Rd • Plan M4*

8 Toys'R'Us
Sans doute le plus grand de Hong-Kong. Rêve des petits, cauchemar du porte-monnaie. *Boutique 032, Ocean Terminal • Plan M4*

9 Fortress
Si la profusion de boutiques d'électronique de TST vous donne le tournis, filez chez Fortress. Une valeur sûre. Des prix parfois plus alléchants ailleurs, mais attention à la camelote. *Boutique 3281, Ocean Terminal • Plan M4*

10 Pacino Wan
La Vivienne Westwood chinoise. Parmi les plus célèbres débutantes de Hong-Kong, elle ne respecte rien – pas même Sa Majesté britannique, dont on peut voir le visage austère sur ses créations osées. *Boutique 2045, Miramar Centre • Plan E3*

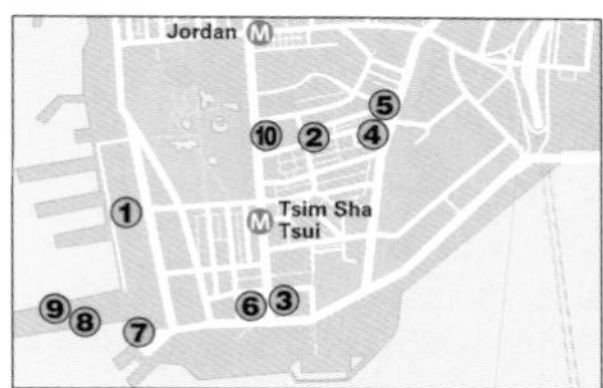

Gauche **Schnurrbart** Centre **Oyster Bar, Sheraton Hotel** Droite **Morton's of Chicago**

TOP 10 Bars

1 In-V
Bar chic, prisé par les touristes et les locaux nantis. Vins haut de gamme, karaoké et divan à cigares ! *22 Salisbury Rd • Plan N4*

2 Chemical Suzy
Rendez-vous des fans de groupes pop anglais, style Blur et Oasis. *2 Austin Rd • Plan N2 • Pas de cartes bancaires*

3 Bottom's Up
Triste et démodé à en mourir. Il a servi de décor dans *L'Homme au pistolet d'or* et mérite une petite visite... pour raison historique, bien sûr. *14 Hankow Rd • Plan N3*

4 The Bar
Ici, 007 se sentirait comme un poisson dans l'eau. Dommage que ce lieu haut de gamme, idéal pour fuir les délires de la foule, soit réservé aux portefeuilles garnis. *1er étage, Peninsula • Plan N4*

5 Kangaroo Pub
Ambiance foot-macho et steacks géants. Beaucoup de pilotes de la Cathay viennent y noyer leur chagrin (le syndicat des pilotes se trouve juste au-dessus). *1er et 2e étages, 35 Haiphong Rd • Plan N3*

6 Schnurrbart
Les charmes d'une brasserie allemande, à condition de ne pas être pressé. Et pourquoi pas un schnaps en attendant sa bière ? *9 Prat Ave • Plan N3*

7 Boom Bar
Les murs sont recouverts de gargouilles en fibre de verre, exquises en comparaison de la tête de certains clients. Ne jamais croiser le regard de quiconque. *Coin de Prat Ave et de Chatham Rd South • Plan N3*

8 Bahama Mama's
Bien qu'un peu vieillot, Bahama Mama's est toujours le meilleur bar de la très branchée Knutsford Terrace. Musique éclectique, baby-foot, planches de surf et boissons alcoolisées. *4-5 Knutsford Tce • Plan N3*

9 Rick's Café
Encore un bar démodé avec une musique ultra-commerciale, mais sympa si vous aimez danser. *53-55 Kimberley Rd • Plan N3*

10 Ned Kelly's Last Stand
Un dinosaure, comme son orchestre de jazz. Des rythmes enlevés, joués par des musiciens grisonnants et grognons. Le New Orleans de Hong-Kong. *11A Ashley Rd • Plan N3*

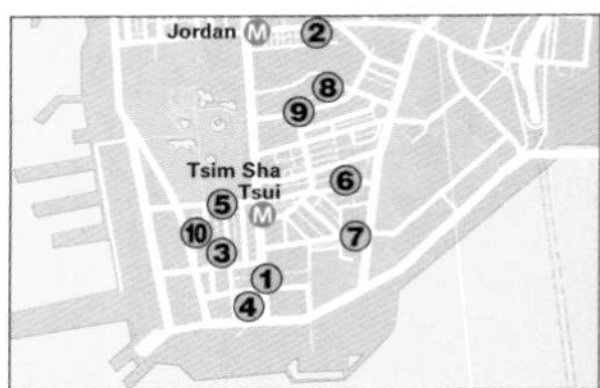

Gaylord

Catégories de prix

Prix moyen pour une personne, comprenant 3 plats et une demi-bouteille de vin (ou repas équivalent), service inclus.		
	$	moins de 100 HK$
	$$	de 100 à 250 HK$
	$$$	de 250 à 450 HK$
	$$$$	de 450 à 600 HK$
	$$$$$	plus de 600 HK$

Restaurants

1 Wine and Oyster Bar
Pour la vue, sublime, et la fraîcheur de ses huîtres qui frémissent sous le citron. *18e étage, Sheraton Hotel , 20 Nathan Rd • Plan N4 • 2369 1111 • $$$*

2 Felix
Cuisine fantastique, vue à couper le souffle, clientèle haut de gamme, et, pour les hommes, la cerise sur le gâteau : les toilettes conçues par Philippe Stark, joyeusement osées – ou comment se soulager contre un mur de verre dominant la baie ! *28e étage, Peninsula • Plan N4 • 2315 3188 • $$$$$*

3 Morton's of Chicago
Le paradis des carnivores. Énormes pavés de bœuf cuits à la perfection. *4e étage, Sheraton Hotel • Plan N4 • 2734 2343 • $$*

4 Dynasty
La cuisine cantonaise à son sommet. *4e étage, Renaissance New World Hotel, 22 Salisbury Rd • Plan N4 • 2734 6600 • $$*

5 Balalaika
Décor plus rustique que russe. Essayez les *piroshkies*, le bortsch ou une rasade de *Stoli* froid. *2e étage, 10 Knutsford Tce • Plan N3 • 2312 6222 • $$*

6 Gaddi's
Clientèle célèbre, cuisine française et service irréprochable. Considéré à juste titre comme l'un des meilleurs restaurants d'Asie. *1er étage, Peninsula • Plan N4 • 2315 3171 • $$$$$*

7 Delaney's
Douillet et tamisé. Un menu irlandais raisonnablement authentique, et un bon choix de bières pression et de whiskies. *Sous-sol, 71-77 Peking Rd • Plan N4 • $$*

8 Gaylord
Existe depuis presque trente ans. Pour de délicieux currys sur fond de musique indienne *live*. *1er étage, Ashley Centre • Plan N3 • 2376 1001 • $$*

9 Chungking Mansions
À faire au moins une fois. L'hygiène n'est certes pas extraordinaire, mais en suivant les rabatteurs dans l'obscurité, vous savourerez les repas indiens les meilleurs et les moins chers de votre vie. Valeurs sûres, le Delhi Club, le Taj Mahal Club et le Khyber Pass Mess *(p. 82-84 et 152)*. *Plan N4 • $*

10 Lai Ching Heen
Cuisine cantonaise nouvelle et traditionnelle élevée au rang d'art. *Regent Kowloon, Salisbury Rd • Plan N4 • 2721 1211 • $$$$$*

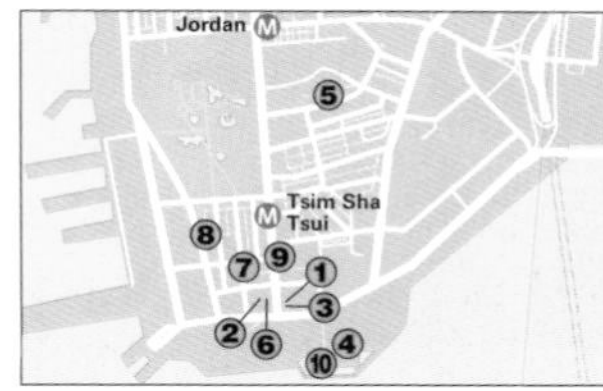

Sauf indication contraire, tous les restaurants acceptent les cartes bancaires.

Gauche **Front de mer, Kowloon** Centre **Étal, Reclamation Street** Droite **Amoureux des oiseaux**

Kowloon – Yau Ma Tei, Mong Kok et Prince Edward

Yau Ma Tei et Mong Kok, quartiers populaires au réalisme cru et fascinant, avec leur succession de bars à karaoké, de lieux douteux et de marchés de rue, forment un contraste grisant avec le luxe des immeubles de Prince Edward. Le cœur émotionnel de la ville bat dans ces artères trépidantes, où chaque bout de trottoir témoigne d'une merveilleuse effervescence. Rural il y a peu de temps encore, ce quartier est devenu un véritable ghetto cantonais. Incontournable pour ses magasins – les meilleurs de Hong-Kong –, ses restaurants authentiques et sa sensualité inoubliable.

TOP 10 Les sites

1. Bird Garden
2. Marché aux fleurs
3. Temple de Tin Hau
4. Marché de nuit de Temple Street
5. Marché de Jade
6. Ladies market
7. West Kowloon Reclamation
8. Boundary Street
9. Shanghai Street
10. Reclamation Street market

Détail de façade, Temple de Tin Hau

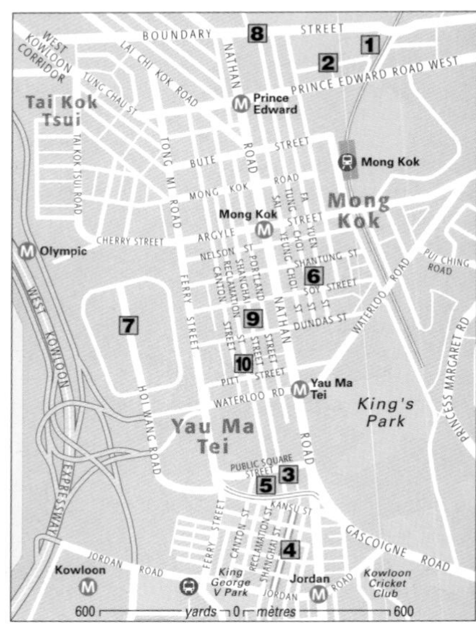

Temple Street

Bird Garden

1 Bird Garden

C'est ici, dans cet endroit exquis, que les vieux Hong-Kongais viennent promener leurs oiseaux et écouter leur chant. Moineaux et pinsons sont en vente au marché, où l'on peut les entendre siffler dans leurs superbes cages ouvragées. Ils sont nourris de sauterelles vivantes, qu'on leur donne à l'aide de baguettes à travers les barreaux. *Flower Market Rd*

2 Marché aux fleurs

Situé près de Bird Garden, le marché aux fleurs se visite de préférence le matin, lorsqu'il éclate de mille couleurs. Tout au long de Flower Market Road, étals et boutiques disparaissent sous les fleurs exotiques. Cette vision chatoyante est propre à exciter l'œil des photographes. Animé toute l'année ; un *must* au moment du nouvel an chinois *(p. 36)*.
Flower Market Rd

3 Temple de Tin Hau

Sans être le plus ancien ni le plus beau de Hong-Kong, le temple de Tin Hau, à Yau Ma Tei, possède malgré tout une certaine élégance. Il est divisé en trois sections, dont une seulement est dédiée à Tin Hau, déesse de la Mer et divinité favorite des Hong-Kongais. Les deux autres parties sont dédiées à Shing Wong, dieu de la Ville, et To Tei, dieu de la Terre. Officiellement, les photos sont interdites à l'intérieur. Les anglophones pourront aller se faire prédire l'avenir au fond du temple, lieu de rassemblement des diseurs de bonne aventure.
Plan M1 • Ouv. de 8h à 18h t.l.j.

4 Marché de nuit de Temple Street

Aussi fascinant pour le spectacle que pour le shopping. Animation garantie et multitude de stands *(p. 18-19)*.

Gauche **Marché aux fleurs** Droite **Temple de Tin Hau**

Marchés hong-kongais **p. 38-39**

Gauche **Ruelle paisible près du temple de Tin Hau** Centre **Jade** Droite **Shangai Street**

5 Marché de Jade

Même si vous n'avez pas l'intention d'acheter du jade, allez faire un tour sur ce petit marché couvert où vous découvrirez, sur des dizaines de stands, une profusion de bijoux, de statuettes d'animaux (dont beaucoup représentent les signes du zodiaque chinois) et de perles. Les bonnes affaires sont rares, surtout pour les profanes ; en revanche, beaucoup de babioles abordables. ⊗ *Kansu St • Plan M1*

6 Ladies market

Un nom aujourd'hui usurpé, car si on y trouve encore beaucoup d'articles pour femmes, le choix s'est élargi. Le marché s'étend sur trois rues parallèles : Fa Yuen Street, royaume des magasins de sport ; Tung Choi Street et Sa Yeung Choi Street, spécialisé dans les produits électroniques de grande consommation. Prix raisonnables sur le marché et plus intéressants dans les boutiques que sur l'île de Hong-Kong. Noir de monde, ce marché devient rapidement fatigant quand il fait chaud. ⊗ *Plan E4*

7 West Kowloon Reclamation

Mieux vaut éviter de parcourir le quartier à pied. Ce bout de terre de West Kowloon, récupéré sur la mer, n'est qu'un enchevêtrement de routes et de chantiers. Si rien ne vient mettre fin aux travaux, c'est ici que s'élèvera, d'ici 2006 ou 2007, la tour la plus haute du monde, la Kowloon Station Power *(p. 42-43)*, dont le coût final est estimé à 20 billions de HK$, soit 2,56 billions de US$. ⊗ *Plan L1-3*

Les triades

C'est au cœur du quartier surpeuplé de Mong Kok que vivent les triades de Hong-Kong. Leur origine remonte au XVIIe siècle, en Chine, lorsque ces sociétés secrètes voulurent réhabiliter la dynastie Ming après l'irruption des Mandchous. Malgré une image romantique dans la littérature et au cinéma, elles sont aujourd'hui synonymes de mafia et de meurtres. Mais visitez sans crainte ce quartier fascinant : les touristes n'y sont jamais visés !

8 Boundary Street

L'artère rectiligne qui marquait la frontière entre Hong-Kong et la Chine, entre 1860 et 1898, est toujours imprégnée d'un parfum d'histoire. Lorsqu'ils reçurent des Chinois le sud de la péninsule de Kowloon (soi-disant à perpétuité), les Anglais réclamèrent rapidement davantage d'espace, destiné au commerce et aux camps d'entraînement de l'armée, et à pallier les pénuries d'eau et la menace de bombardements (après l'invention de nouveaux armements de longue portée). En 1898, la frontière engloba les Nouveaux Territoires pour, cette fois, un bail de 99 ans *(p. 30)*. *Plan E4*

9 Shanghai Street

Autour de Shanghai et de Reclamation Streets, un quartier chinois traditionnel, moins animé et plus pauvre qu'il y a quelques années, offre des recoins et magasins à ne pas manquer : salons funéraires, herboristeries, boutiques diététiques de thé ou de cerfs-volants en papier. *Au 21 Ning Po Street, vente de serpents en bocaux • Plan E4*

10 Reclamation Street market

Un lieu idéal pour tous ceux qui n'ont pas encore vu un vrai marché chinois en pleine activité. Principalement constitué de stands de fruits et légumes, il comblera tous les photographes. En revanche, nous ne saurons trop conseiller aux âmes sensibles d'éviter de s'aventurer à l'intérieur du marché municipal : le bétail y est abattu et habilement éviscéré sur place. *Plan E4*

Magasin d'ustensiles de cuisine, Shanghai St

Promenade dans la péninsule

Matin

Prenez le MTR pour Prince Edward, au nord de Kowloon, près de l'ancienne frontière avec la Chine, à **Boundary Street**, empruntez la sortie B2 puis dirigez-vous vers le **marché aux oiseaux** en passant par **Flower Market Road** et ses fleuristes *(p. 89)*. En haut de Tung Choi Street, vente de myriades de poissons rouges auxquels les Chinois vouent un amour immodéré.

En vous dirigeant vers le sud, sous Argyle Street et à l'est de Nathan Road, vous trouverez des dizaines de marchands et de magasins bon marché. Et des armées de piétons : à cet endroit de la péninsule, on compte 150 000 âmes au km².

Traversez ensuite Nathan Road et rejoignez le **marché de Jade** (bijoux, figurines...). Pour avoir du choix, arrivez avant l'heure du déjeuner, car ensuite beaucoup de vendeurs quittent les lieux.

Après-midi

Faites une halte en face, dans le petit square, et asseyez-vous en compagnie de vieux Hong-Kongais, ou pénétrez dans le **temple de Tin Hau** *(p. 89)*. Allez ensuite vous restaurer dans les cantines couvertes, au coin de Pak Choi et Temple Street. Plats chinois rapides et bon marché.

Enfin, explorez les étals de Reclamation Street et de l'ancien quartier chinois autour de Shanghai Street.

Gauche **Chan Chi Kee Cutlery** Droite **CRC Department Store**

TOP 10 Boutiques originales

1 King Wah Building
Centre commercial tranquille. Vêtements sympa, accessoires, sacs à main, montres, mais aussi jeans *vintage*, raretés des années 1970-1980 et profusion d'articles inspirés de dessins animés japonais. *628 Nathan Rd*

2 IT
Chic. Minimaliste. Vêtements et accessoires sélects, américains ou japonais. *2e étage, IN's Square, 26 Sai Yeung Choi St*

3 Izzue
Les jeunes branchés y trouvent généralement la tenue de leur rêve pour aller faire la fête. *1er étage, IN's Square*

4 Sony Pro Shops
Sony Vaio, Walkman, Playstation Pro Shops : les meilleurs de Sim City pour les derniers bijoux vidéo et audio. *Sim City, Chung Kiu Commercial Building, 47-51 Shan Tung St*

5 Mongkok Computer Centre
Moins de bonnes affaires qu'à Sham Shui Po pour le matériel *hardware* et *software*, mais une bonne sélection de jeux et accessoires. *8A Nelson St*

6 Sasa Cosmetics
Magasin d'usine d'une grande chaîne hong-kongaise. Bien situé, il offre une profusion de produits de beauté à des prix très avantageux. *34 Argyle St*

7 Ban Fan Floriculture
Les vases en porcelaine ou en céramique et les paniers en osier ne sont peut-être pas du dernier chic, mais le choix est impressionnant et les prix raisonnables. *Flower Market Rd*

8 Chan Chi Kee Cutlery
Woks, cuiseurs vapeurs, quasiment tout ce dont on peut rêver pour équiper sa cuisine. La qualité à prix modique. *316-318 Shanghai Street*

9 CRC Department Store
Intéressant pour les souvenirs pas chers (théières et ornements divers) ; sélection de thés et produits alimentaires chinois à bon prix. *Argyle Centre Tower 1, 65 Argyle St*

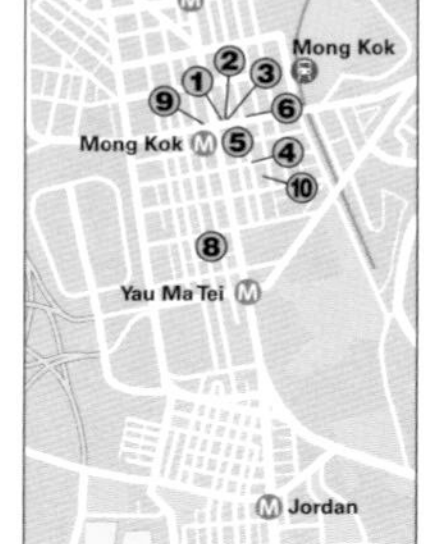

10 Fa Yuen Building
Pour les dingues d'audio et de vidéo, le dernier cri des accessoires à prix compétitifs. *75-77 Fa Yuen St*

Catégories de prix

Prix moyen pour une personne, comprenant 3 plats et une demi-bouteille de vin (ou repas équivalent), service inclus.		
	$	moins de 100 HK$
	$$	de 100 à 250 HK$
	$$$	de 250 à 450 HK$
	$$$$	de 450 à 600 HK$
	$$$$$	plus de 600 HK$

Gauche **Saint's Alp Teahouse** Droite **KK Pub & Café**

TOP 10 Restaurants chinois bon marché

1 Tak Fook Heen Cuisine cantonaise correcte ; bons *dim sum* pas chers. *B/F, Hôtel Stanford, 118 Soy St • 2710 4213 • $$*

2 Double Congee Cantine chinoise et bols de *congee* vapeur (riz épais ou ragoût de poissons avec morceaux de viande croquants). *Boutique 1, 67 Waterloo Rd • 2624 4173 • Pas de cartes bancaires • $*

3 Mui Chai Kee Bonne adresse : classique – thé, gelée au fruits, petits pains à la pâte de lotus – et exotique – nids d'oiseaux, tartes aux œufs ou oviducte de grenouille bouilli au lait de coco. *Rdc, 120 Parkes St • Plan N2 • 2388 8468 • Pas de cartes bancaires • $*

4 Peking Restaurant Charmant vieux restaurant. Spécialité : le canard laqué, mais aussi le riz frit Yangzhou au jambon et petit pois. *227 Nathan Rd • Plan N2 • 2735 1316 • Pas de cartes bancaires • $$*

5 Saint's Alp Teahouse Maison de thé chinoise moderne de style taïwanais, filiale d'une chaîne. En-cas originaux et menus de thés. *61a Shantung St • 2782 1438 • Pas de cartes bancaires • $*

6 KK Pub & Café Bar animé qu'on ne peut pas manquer : un gorille fumeur de cigare en garde l'entrée. Cuisine chinoise et occidentale de base, bière. *44-58 Soy Street, Mong Kok • 2388 7115 • $$*

7 Ah Long Pakistan Environnement tristounet mais excellents currys épicés. *Rdc, Tak Lee Bldg, 95 Woosung St • Plan N2 • 2782 1635 • Pas de cartes bancaires • $*

8 Fairwood Chaîne de fast-foods chinoise. Points pour écouter des CD et accès internet. *Rdc, King Wah Bldg, 620-628 Nathan Rd • 2302 1003 • Pas de cartes* bancaires • $$

9 Lobby Lounge Pour son *atrium* en verre, sa terrasse paisible, son café génial et ses menus de thés. *4ᵉ étage, Hôtel Eaton, 380 Nathan Rd • Plan N1 • 2710 1863 • $$*

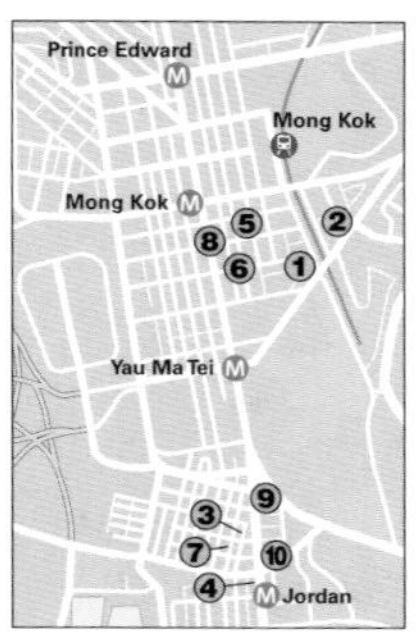

10 Light Vegetarian Plats végétariens courants. Le point fort : un buffet copieux à l'heure du déjeuner, comprenant thé et desserts. *30 Jordan Rd • Plan N2 • 2384 2833 • Pas de cartes bancaires • $*

Sauf indication contraire, tous les restaurants acceptent les cartes bancaires.

Gauche **Bâtons d'encens dans un temple** Centre **Rainforest Café** Droite **Lion Rock**

Le nouveau Kowloon

Loin d'être abandonné, l'ancien aéroport de Kai Tak abrite aujourd'hui le plus grand practice de golf du monde ainsi que des pistes de karting couvertes. Autour, les rues regorgent d'excellents restaurants bon marché et de magasins de second choix, cibles privilégiées des Hong-Kongais. Au nord, la culture est présente avec le couvent de Chi Lin, bâti selon le style architectural de la dynastie Tang, et le temple animé de Wong Tai Siu.

Les sites du nouveau Kowloon

1. Temple de Wong Tai Sin
2. Lion Rock
3. Walled City Park de Kowloon
4. Oriental Golf City
5. Couvent de Chi Lin
6. Lei Yue Mun
7. Karting
8. Tombe de Lei Chung Uk
9. Temple de Hau Wong
10. Apliu Street

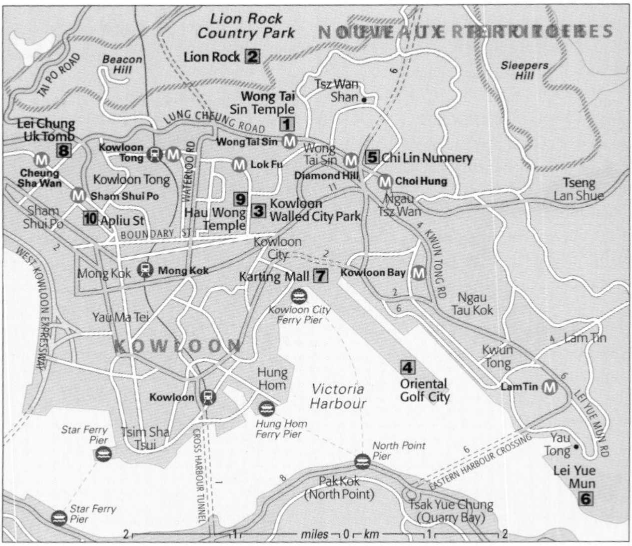

Walled City Park de Kowloon

Gauche **Les volutes de fumée des offrandes** Droite **Temple de Wong Tai Sun**

1 Temple de Wong Tai Sin

Bruyant, chatoyant et saturé de volutes d'encens, Wong Tai Sun ouvrit ses portes en 1921, après qu'un moine taoïste eut apporté à Hong-Kong un portrait sacré de Wong Tai Sin (ou Huang Chuping, né vers 328 apr. J.-C. dans la province de Zheijang, et qui, selon la légende, prédisait l'avenir et réalisait les vœux). Parmi la foule de fidèles des trois principales religions chinoises – taoïsme, bouddhisme et confucianisme –, se presse une centaine de « devins » ; à vous de découvrir si leurs prédictions sont aussi pointues que celles de Huang ! Derrière le temple, dont l'architecture puissante et stylisée forme un contraste saisissant avec les gratte-ciel environnants, une tombe ancienne demeure un mystère pour les historiens.
Plan N4 • Ouv. de 7h à 17h30

2 Lion Rock

Pour jouir de la meilleure vue sur cette fascinante excroissance naturelle, placez-vous à l'extérieur du temple de Wong Tai Sin, dans la partie découverte proche des échoppes des « devins » : de là, la montagne ressemble à une tête de lion mâle grisonnant. Pour ceux qui seraient tentés d'en entreprendre l'ascension, l'arrivée est pentue (cœurs fragiles s'abstenir) et l'eau indispensable.
Plan E4

3 Walled City Park de Kowloon

L'un des plus beaux parcs de Hong-Kong. À l'origine, en 1847, le fort qui se dressait sur les lieux fut laissé sous contrôle chinois suite à une erreur des Britanniques après la signature du bail des Nouveaux Territoires. Détruit pendant la Seconde Guerre mondiale, il a vu surgir de ses cendres un labyrinthe étrange, Walled City, ghetto qui attira rapidement triades, dealers, toxicomanes, pornographes et rats gigantesques *(p. 96)*. Sa démolition date de 1992. À l'entrée du parc actuel, un hospice abrite une exposition de photos relatant son histoire.
Plan E4

Labyrinthe, Walled City Park de Kowloon

4 Oriental Golf City

Réputé pour être le plus grand practice du monde avec 200 tapis. Profitez-en car, à moins d'être fortuné ou d'avoir des relations, ce golf est probablement le seul que vous verrez à Hong-Kong.
Kai Tak Runway, Kai Fuk Rd • Plan E4 • 2522 2111 • Ouv. de 7h à 24h • Entrée payante

Couvent de Chi Lin

5 Couvent de Chi Lin (Chi Lin Nunnery)

On dit qu'aucun clou ne fut nécessaire à l'édification de cette réplique sublime d'un lieu de culte traditionnel de la dynastie Tang (618-907 apr. J.-C.). Financé par de riches donateurs et ouvert en 2000, il permet d'admirer l'ingéniosité architecturale de l'empire du Milieu, fait rarissime quand on sait que la plupart des sites anciens n'ont pas survécu à la Révolution culturelle de 1960. À voir pour ses impressionnantes statues du bouddha Sakyamuni, ses jardins, ses fontaines, et les mélopées envoûtantes de ses nonnes. *Chi Lin Drive, Diamond Hill • Plan F4 • Ouv. de 9h à 15h30 • Fermé mer. • Entrée libre*

6 Lei Yue Mun

Ancien village de pêcheurs, Lei Yue Mun signifie « porte des carpes », mais les seuls poissons que vous apercevrez sont ceux des restaurants du front de mer. Bien que ce lieu soit l'endroit le plus proche de l'île de Hong-Kong, ne tentez pas la traversée à la nage – si vous surviviez à la pollution, vous ne résisteriez pas aux courants ! *Plan F5*

Les pires conditions du monde

Plus de 50 000 âmes vécurent dans la Walled City de Kowloon *(p. 95)*. Ici, crimes et maladies se substituaient aux impôts et aux lois. Dans les années 1950, quand les triades s'y installèrent, beaucoup de sang coula dans les ruelles étroites de ce ghetto, qui jusqu'en 1992 demeura l'un des seuls lieux de Hong-Kong où l'on voyait encore des opiomanes étendus sur leur couche.

7 Karting

Du pur divertissement. Avec trois circuits aménagés dans l'ancien aéroport, cette piste de karting couverte est la plus importante d'Asie, si ce n'est du monde.

Gauche **Complexe du couvent de Chi Lin** Droite **Marché aux poissons de Lei Yue Mun**

Moteurs électriques propulsant à 60 km/h en quelques secondes (sensations garanties, surtout au ras du sol). Moins dangereux que les pistes en extérieur grâce aux barrières de sécurité. ⊗ *Plan F4 • 2718 8199 • Ouv. de 12h à 22h du lun. au jeu. • De 10h à 24h du ven. au dim. • Entrée payante*

8 Tombe de Lei Chung Uk

Vous l'apercevrez à peine à travers le Plexiglas rayé, mais sachez que la tombe des Han (24-220 apr. J.-C.) est l'un des plus anciens monuments de Hong-Kong ! ⊗ *41 Tonkin St, Sham Shui Po • Plan E4 • Ouv. de 10h à 13h, de 14h à 18h, fermé lun. • Entrée libre*

9 Temple de Hau Wong

Mérite une visite si vous vous trouvez dans les parages. Un temple charmant et minuscule, construit en 1737 en hommage au plus fidèle conseiller de l'empereur-enfant exilé, Ping. Assez calme, sauf pendant les fêtes. ⊗ *Junction Rd • Plan E4 • Ouv. de 8h à 17h t.l.j.*

10 Apliu Street

Pour avoir l'impression d'être sur une autre planète – au cœur de la vie du vrai Hong-Kong. Sur cet important marché de rue, toutes sortes de bricoles, d'articles piratés, sans doute la plus grande collection d'articles d'électroniques de seconde main au monde, mais beaucoup de camelote à part quelques vieilles radios et platines. ⊗ *Plan E4*

Apliu Street

Un après-midi de promenade

Après le déjeuner

Prenez le MTR pour **Wong Tai Sin** *(p. 95)* et sa foule de fervents fidèles. Certains diseurs de bonne aventure parlent anglais. N'hésitez pas à discuter leurs prix (jusqu'à moins 25 ou 30 %). Certains utilisent des bâtons numérotés, d'autres des bouts de bois recourbés connus sous le nom de « lèvres de Bouddha ».

Les courageux pourront tenter l'ascension du **Lion Rock** *(p. 95)*, pénible mais somptueuse, ses pentes raides étant réservées aux cœurs solides. Emportez beaucoup d'eau les jours de canicule.

À seulement 10 minutes en taxi, le **karting de Kai Tak** vous permettra de tester vos compétences sur ses 3 pistes couvertes et d'admirer les Formule 1 exposées.

Fin d'après-midi

À ce moment-là, vous aurez sûrement faim : prenez un taxi jusqu'aux restaurants de crustacés du front de mer, à **Lei Yue Mun**, et regardez le soleil couchant enflammer les gratte-ciel du port de reflets rose orangés, tout en dégustant des crabes et des crevettes arrosés de vin ou d'une bonne Tsing Tao glacée.

Pour jouir d'une vue exceptionnelle, allez au restaurant **Tai Fat Hau** (p. 99), situé sur l'eau, à Lei Yue Mun. Salle à manger sur pilotis et baies vitrées courant du sol au plafond. Il est réputé pour ses coquillages au vin épicé, son crabe rôti et ses crevettes frites.

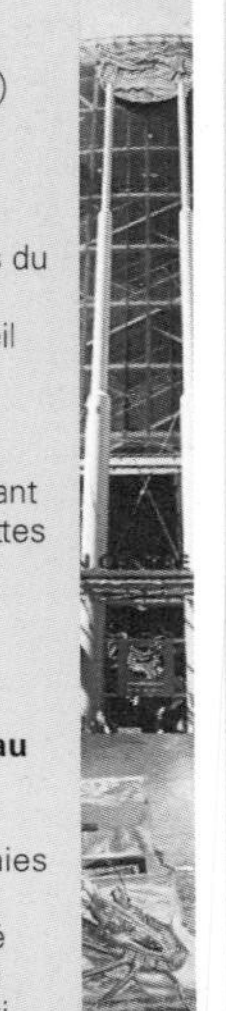

Gauche **Dragon Centre** Centre **Page One** Droite **Centre commercial Festival Walk**

TOP 10 Boutiques

1 Golden Shopping Centre Matériel informatique à prix doux : choix énorme de vidéos et DVD dans les boutiques voisines, mais beaucoup d'enregistrements piratés de mauvaise qualité. *Yen Chow St, Sham Sgui Po • Plan E4*

2 Dragon Centre Envol de baies vitrées dans la saleté et la poussière de Sham Shui Pa. Alimentation, matériel informatique et rollercoaster. *Coin de Yen Chow St et Cheung Sha Wan Rd, Sham Shui Po • Plan E4*

3 Log-On Le département « maison » de City Super, chaîne de supermarchés sélects dont le meilleur rayon, The Gadget, propose une profusion d'articles superbes pour décorateurs avertis. *Boutique UG01, Festival Walk, 80 Tat Chee Ave, Kowloon Tong • Plan E4*

4 G.O.D Suite logique de Log-On. G.O.D. (prononcez *dgi oh di*) est le magasin pour la maison le plus branché de Hong-Kong. On y trouve de tout, des coussins en cotte de mailles, des baguettes en aluminium. *Rdc, boutique 27, Festival Walk, Kowloon Tong • Plan E4*

5 Lancôme Que choisir, le bilan dermato, la consultation VIP de 45 min ou le soin facial d'une heure en cabine privée ? *Boutique LG2-60, Festival Walk, Kowloon Tong • Plan E4 • 2265 8665*

6 Page One Immense librairie de la grande chaîne hong-kongaise, où les livres sont exposés côté couverture, idée géniale pour éviter les torticolis. Café sympa. *Boutique LG1-30, Festival Walk, Kowloon Tong • Plan E4*

7 BSC Boutique Un siège de toilette en peau de zèbre ? Choix hallucinant d'articles rigolos pour la salle de bains et superbes savons psychédéliques à la glycérine, faits main. Pour les blasés. *Boutique G-31, Festival Walk, Kowloon Tong • Plan E4*

8 Crabtree and Evelyn Encore des douceurs parfumées. Dès le seuil, des effluves enivrants de pot-pourri à la lavande vous assaillent. *Boutique LG-220, Festival Walk, Kowloon Tong • Plan E4*

9 Bang & Olufsen Pour craquer devant les modèles sophistiqués et le son cristallin de l'un des noms les plus prestigieux du son. *Boutique LG1-10, Festival Walk, Kowloon Tong • Plan E4*

10 Artemis Légions de chaussures, surtout de la marque éponyme. *Boutique 139, Niveau 1, Plaza Hollywood, Diamond Hill • Plan E4*

Catégories de prix

Prix moyen pour une personne, comprenant 3 plats et une demi-bouteille de vin (ou repas équivalent), service inclus.	$	moins de 100 HK$
	$$	de 100 à 250 HK$
	$$$	de 250 à 450 HK$
	$$$$	de 450 à 600 HK$
	$$$$$	plus de 600 HK$

Gauche **Zen** Droite **Rainforest Café**

TOP 10 Bars et restaurants

1 Combo Thai

Kowloon est célèbre pour sa cuisine thaï, bonne et pas chère. Pour apaiser le feu d'une salade au bœuf, la bière est idéale ! *14 Nga Tsin Long Rd, Kowloon • Plan E4 • 2716 7318 • $$*

2 Sham Tseng Yue Kee Roast Goose Restaurant

Les locaux raffolent du ragoût d'intestins d'oie. L'oie rôtie au sel et au poivre est moins exotique mais moins risquée. *6 Nam Kok Rd, Kowloon • Plan E4 • 2383 1998 • $*

3 Yuet Hing Yuen

À Kowloon, on trouve aussi des restaurants vietnamiens. Ragoûts, rouleaux de printemps et soupe *pho* à déguster avec une Vietnamese 33 glacée. *70-72 Nga Tsin Wai Rd, Kowloon • Plan E4 • 2382 3282 • Pas de cartes bancaires • $$*

4 Zen

Comme son nom l'indique, une oasis paisible. Excellents *dim sum,* mais aussi pigeon rôti et langues de canard frites pour les aventuriers. *Boutique G-25, Festival Walk, Kowloon Tong • Plan E4 • 2265 7328 • $$$*

5 Rainforest Café

Pour les petits, forêt tropicale, gorilles animés, orages et sièges en peau de zèbre. Pour les parents, des daiquiris aux fraises à mourir. *Boutique LG-230, Festival Walk, Kowloon Tong • Plan E4 • 2777 3222 • $$*

6 Amaroni's Little Italy

Les Hong-Kongais, fans des restaurants italiens, ont adopté ces lieux à l'ambiance décontractée. *Boutique LG1-32, Festival Walk, Kowloon Tong • Plan E4 • 2265 8818 • $$*

7 Tso Choi

La vraie cuisine hong-kongaise, violente. Supporterez-vous les intestins de porc sautés et la cervelle de porc frite ? *17-19 Nga Tsin Wai Rd, Kowloon • Plan E4 • 2383 717 • Pas de cartes bancaires • $*

8 Festive China

On se demande où a lieu la fête, mais l'intérieur est chic et la cuisine, tendance Chine du Nord, de bonne qualité. *Boutique LG-1, Festival Walk, Kowloon Tong • Plan E4 • 2180 8908 • $$*

9 Tai Fat Hau

Un restaurant sur l'eau, à Lei Yue Mun. Délicieux plats de fruits de mer chinois, dont les coquillages au vin épicé et les crevettes grillées. *58A Hoi Pong Rd Central, Lei Yue Mun • Plan F4 • 2727 4628 • $$$*

10 Kong Lung Seafood

Vous ne pouvez pas le manquer : deux énormes lions en pierre montent la garde devant l'entrée. Excellents crabes frits et thon vapeur en croûte à l'orange. *62 Hoi Pong Rd West, Lei Yue Mun • Plan F4 • 2775 1552 • $$$*

Sauf indication contraire, tous les restaurants acceptent les cartes bancaires.

Gauche **Monastère des Dix Mille Bouddhas** Centre **Railway Museum** Droite **Pont Lek Yuen**

Les Nouveaux Territoires

Un nom évocateur de pays frontalier. Au temps des colonies, c'est ici que les sahibs en casque colonial organisaient des chasses au tigre, des tournois de tennis ou écrivaient leurs Mémoires. Aujourd'hui, les Nouveaux Territoires, ou NT comme les appellent les locaux, ont disparu sous le béton, et plus d'un tiers de la population hong-kongaise y vit dans des villes-dortoirs. Il faut monter vers le nord pour retrouver la nature et ses grands espaces, avec les marais de Mai Po, les villages et les temples centenaires, avant d'atteindre, à l'extrême nord, la frontière avec la mère patrie, la Chine.

TOP 10 Les sites des NT

1. **Monastère des Dix Mille Bouddhas**
2. **Courses de Sha Tin**
3. **Amah Rock**
4. **Hong Kong Railway Museum**
5. **Ching Chung Koon**
6. **Kadoorie Farm**
7. **Heritage Museum**
8. **Yuen Yuen Institute**
9. **Temple de Tin Hau**
10. **Monastère de Castle Peak**

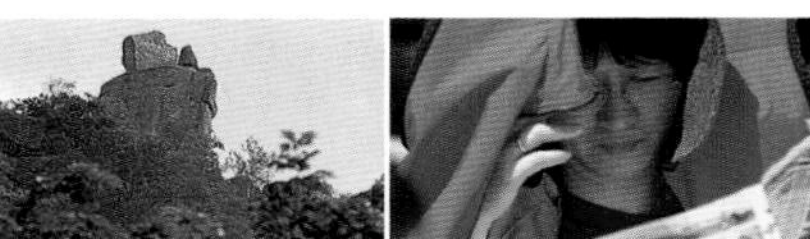

Gauche **Amah Rock** Centre **Turfiste, Sha Tin** Droite **Pagode, monastère des Dix Mille Bouddhas**

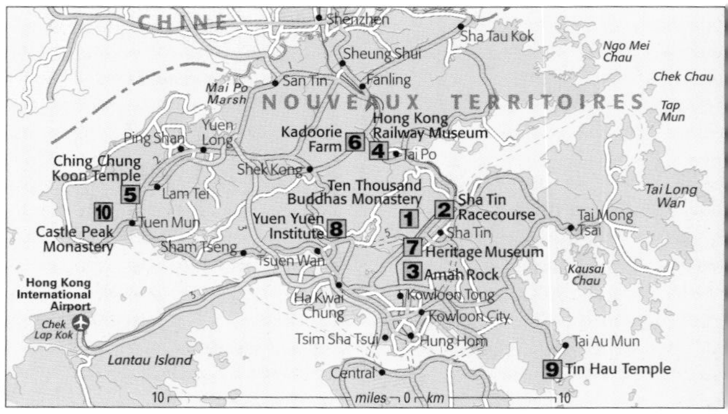

Les Dix Mille Bouddhas

1 Monastère des Dix Mille Bouddhas (Ten Thousand Buddhas Monastery)

Les bouddhas reposent sur les étagères de la salle principale du sanctuaire de Pai Tau Tsuen, dans les collines de Sha Tin. Il s'agit en réalité de 13 000 images de Bouddha. Avant d'arriver sur le site composé de 5 temples, deux pavillons et une élégante pagode de 9 étages, respirez un grand coup – 400 marches (au bas mot) vous y attendent. *Plan E3 • Ouv. de 9h à 17h • Entrée libre*

2 Courses de Sha Tin (Sha Tin Racecourse)

Si le plus célèbre hippodrome de Hong-Kong se trouve à Happy Valley *(p. 12-13)*, la folie des courses qui anime la population locale a conduit à la construction d'un second temple hippique dans les NT. Un coût de 500 millions de $, une renommée mondiale, une capacité d'accueil de 85 000 turfistes misant des sommes astronomiques leweek-end, entre septembre et juin. Le jour des courses, informations dans le *South China Morning Post*. *Plan F3 • Come Horseracing Tour • 2366 3995 • Enfants non acceptés • Entrée payante*

3 Amah Rock

Sous un certain angle, ce rocher étrange, situé près de Lion Rock Tunnel, ressemble à une femme avec un enfant sur le dos, d'où son nom. Selon la légende, le mari d'Amah partit chercher du travail par-delà les mers ; alors qu'elle attendait patiemment son retour, son bateau coula dans une tempête ; la douleur la transforma en pierre. Une autre interprétation parle d'un symbole phallique. À vous de choisir. *Plan E4*

4 Hong Kong Railway Museum

Ce musée ne fait pas partie des meilleurs de Hong-Kong, mais les amoureux des chemins de fer l'apprécieront. Vieux wagons dans l'ancienne gare de Tai Po Market, construite en 1913. À l'intérieur, histoire d'une ville sans histoires. *13 Shunk Tak St, Tai Po Market, Tai Po • Plan E2 • Ouv. de 9h à 17h • Fermé mar. • Entrée libre*

Gauche **Champ de courses de Sha Tin** Droite **Hong Kong Railway Museum**

Gauche **Rituel, Yuen Yuen Institute** Droite **Marais de Mai Po**

5 Ching Chung Koon

Son nom signifie « pin toujours vert », symbole de longévité et de persévérance. Œuvre de la secte taoïste Koon, qui a construit sa première structure en 1961 (le Palace of Pure Brightness), ce temple est aujourd'hui composé de pagodes, de pavillons et de jardins chinois zen, réputés pour apaiser les plus stressés. Cuisine végétarienne et collection de bonsaïs. *Tsing Chung Path, Tuen Mun • Plan C3 • Ouv. de 7h à 18h t.l.j. • Entrée libre*

6 Kadoorie Farm

Fondés par lord Lawrence et sir Horace Kadoorie en 1951 pour fournir du travail à 300 000 réfugiés démunis, la ferme et le jardin botanique sont aujourd'hui des centres de protection de l'environnement. Abri pour les cerfs et maison des papillons. Réservation indispensable. *Lam Kam Rd, Tai Po • Plan E2 • 2488 1317 • Ouv. de 9h30 à 17h, du lun. au sam. • Entrée libre*

Heritage Museum

Sauvons le sanctuaire

Classé au patrimoine mondial, le marais de Mai Po *(p. 44)*, qui voit s'arrêter chaque hiver plus de 60 000 oiseaux migrateurs, est le sanctuaire d'une multitude de martins-pêcheurs, de hérons, de cormorans, et l'un des derniers habitats de la spatule à tête noire et du goéland Saunders, en voie d'extinction. Ce paradis des passionnés d'ornithologie s'est trouvé au centre de violents débats opposant des promoteurs en quête de nouveaux espaces et les défenseurs de l'environnement. Ces derniers ayant remporté la bataille, les plus grands dangers qui menacent aujourd'hui le marais sont la pollution et les déchets industriels des usines toutes proches de Deep Water Bay.

7 Heritage Museum

Le musée de Sha Tin rivalise avec le musée d'Histoire de Kowloon pour la palme du meilleur musée de Hong-Kong *(p. 20-21)*.

8 Yuen Yuen Institute

Le bâtiment principal de ce lieu de rassemblement de fidèles bouddhistes, confucianistes et taoïstes (respectez leurs prières) est une réplique du temple du Paradis de Pékin. À l'extérieur, sur des panneaux, des prédictions révèlent le signe de l'horoscope chinois qui bénéficiera d'une année

Yuen Yuen Institute

favorable. Dans le restaurant, cuisine végétarienne correcte à prix doux. ⊗ *Plan E3 • Ouv. de 9h à 18h t.l.j. • Entrée libre.*

9 Temple de Tin Hau

Parmi les nombreux temples dédiés à la déesse de la Mer, le plus ancien se cache au fond de Clearway Bay. Lorsque vous descendrez ses marches dans la verdure, un silence absolu vous envahira. À l'intérieur, les cendres des spirales d'encens tombent sur les maquettes de bateaux de pêche. ⊗ *Sai Kung • Plan G3 • Entrée libre*

10 Monastère de Castle Peak (Castle Peak Monastery)

Une promenade de 1,5 km, depuis la gare toute proche. Difficile mais délicieusement apaisante vis-à-vis de l'agitation perpétuelle de Hong-Kong. Pour l'air (relativement) frais de la mer et les mélopées des moines. ⊗ *Plan B3 • Ouv. de 9h à 17h t.l.j. • Entrée libre*

Une journée dans les NT

Matin

Prenez le MTR pour Kowloon Tong, puis le train KCR. Descendez à Tai Po Market et montez dans le bus 64K ou un taxi qui vous emmènera à Fong Ma Po, site du Wishing Tree. Là, achetez une assiette en carton rouge, inscrivez-y un vœu, puis lancez-la dans l'arbre. Si elle reste accrochée, il sera exaucé. Superbe sujet photo.

Reprenez le KCR et descendez à Fanling. De là, prenez le bus 54K pour Lung Yeuk Tau, point de départ du **sentier historique de Lung Yeuk Tau** *(p. 104)*. Il vous fera traverser les cinq célèbres villages fortifiés des NT, œuvres de clans anciens désirant se protéger des brigands. Cette promenade de quelques heures offre un aperçu fascinant de la vie d'autrefois dans cette contrée.

Après-midi

Retournez en bus ou en taxi au KCR, prenez le train jusqu'à la gare de Sha Tin, puis un taxi (la course est rapide) jusqu'au **Lung Wah Hotel** *(p.109)*, un ancien hôtel transformé en restaurant. Sa longévité (plus de 50 ans) atteste de la qualité de sa cuisine !

Si vous vous trouvez à Sha Tim le week-end entre septembre et juin, allez à l'**hippodrome** *(p. 101)* pour un après-midi de frénésie équestre.

En semaine ou en dehors de la saison des courses, allez faire du **shopping** au formidable New Town Plaza, à Sha Tin *(p. 106)*.

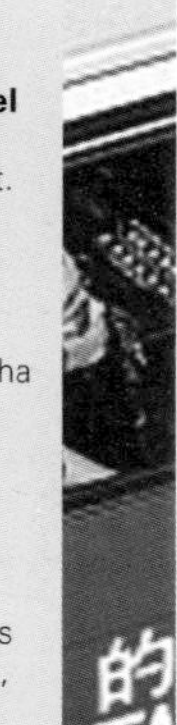

Gauche **Tsang Tai Uk** Centre **Restaurant de poisson, Sai Kung** Droite **Ruine, sentier de Fanling**

TOP 10 Villages historiques et villes nouvelles

1 Tsang Tai Uk

Forteresse du clan des Tsang, construite en 1848 dans le style hakka (murailles épaisses et tour de défense à chaque angle). Des douzaines de familles y vivent encore. *Plan L3*

2 Tsuen Wan

Terminus de la ligne MTR, Tsuen Wan est le parfait exemple de la ville nouvelle surpeuplée. Pour la facette la plus triste de Hong-Kong. *Plan D3*

3 Sha Tin

Moins sinistre que Tsuen Wan, avec un gigantesque centre commercial. Site du second hippodrome de Hong-Kong. *Plan E3*

4 Fanling

Le château ancestral de Tang Chung Ling, à Fanling, appartenait au clan le plus important des Nouveaux Territoires. À deux pas du sentier historique de Lung Yeuk Tau. *Plan E2.*

5 Sheung Shui

Encore un château. Celui-ci fut la demeure d'un autre clan local influent, les Liu. De là, un trajet rapide en taxi permet de rejoindre le poste-frontière de Lok Ma Chau, où la folie architecturale de Shenzen surgit de la brume. *Plan E1*

Guerrier, Fanling

6 Sai Kung

Joli petit village de pêcheurs, refuge d'expatriés. Pubs anglais (Steamers ou The Duke of York), mais aussi de minuscules cafés et leurs vieux joueurs de ma-jong. *Plan G3*

7 Kam Tin

Son nom signifie « champ de brocart », mais les champs portent désormais des carcasses de voitures rouillées. Villages fortifiés traditionnels à Kat Hing Wai et Shui Tau. *Plan C3*

8 Ping Kong

Ce village fortifié, situé à l'écart, est moins fréquenté que les autres. *Plan E1*

9 Tap Mun Chau

Petite île pittoresque à l'atmosphère tranquille et aux jolies maisons. L'un des secrets les mieux gardés des Nouveaux Territoires. *Plan H2*
• Ferry de 8h30 à 18h30

Rivière Kam Tin

10 Tai Po

Sur le chemin du magnifique Plover Cove, arrêtez-vous ici pour le marché et le Railway Museum. *Plan E2*

Gauche **Plover Cove** Droite **Village flottant de San Mun Tsai**

TOP 10 Splendeurs naturelles

1 Plover Cove

Ce n'est pas (ou plus) une anse mais un immense réservoir né de la construction d'un barrage, à l'embouchure de la baie ; l'eau de mer a été remplacée par de l'eau douce amenée de Chine. Sentiers à parcourir à pied ou en vélo. Cartes disponibles au HKTB. *Plan F1*

2 Bride's Pool

Sublimes chutes d'eau au cœur de la forêt (appareil photo et bonnes chaussures). *Plan F2*

3 Tai Po Kau

Réserve forestière près de l'université chinoise. Pour les dingues d'ornithologie. *Plan F2*

4 San Mun Tsai

Village exquis entre baie et collines. Ne manquez pas les maisons flottantes et leurs fils électriques bricolés. *Plan F2*

5 Tai Mo Shan

Signifie « haute montagne voilée par le brouillard ». En réalité, le sommet de la plus haute montagne de Hong-Kong (957 m) est le plus souvent visible. Ascension difficile, mais vue magnifique à l'arrivée. *Plan D3*

6 Marais Mai Po

Situé à l'ouest des Nouveaux Territoires, ce marais est un véritable sanctuaire d'oiseaux *(p. 44)*. *Plan D2*

7 Clearwater Bay

Plages et nombreuses randonnées. De Tai Au Mun, vous pouvez aller à pied à Clearwater Bay Beach One et Beach Two (aux jolis noms imaginatifs) ou à Lung Ha Wan (Lobster Bay). Toutefois chaque été, l'apparition de requins provoque la panique parmi les riverains, et récemment on a vu des trous dans les filets. On vous aura prévenu. *Plan G5*

8 Long Ke Wan

Petit bijou d'accès difficile. Évitez de vous extasier devant le panorama pendant la descente du sentier vertigineux, sous peine de vous retrouver sur la plage beaucoup plus vite que prévu. *Plan F3*

9 Tai Long Wan

La plus belle plage de Hong-Kong, sur la péninsule de Sai Kung. Attention, avant de partir, munissez-vous d'une carte et de beaucoup d'eau *(p. 22-23)*.

10 Ma On Shan

Le nom de cette montagne signifie « selle », en référence à sa forme *(p. 45)*. *Plan F3*

Tai Long Wan

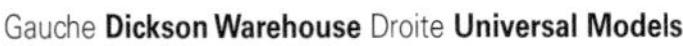

Gauche **Dickson Warehouse** Droite **Universal Models**

TOP 10 Boutiques

1 Dickson Warehouse Clothing
De vraies affaires sur du vêtement haut de gamme. Jusqu'à 70 % sur Polo Jeans, Polo Sport, Ralph Lauren, Guy Laroche, Joan & David et Charles Jourdan. *Boutique 417-418, 4e étage, New Town Plaza, Sha Tin • Plan E3*

2 My Jewellery
Modèles de bijoux originaux à prix honnêtes. Jetez un œil sur les colliers de chien en diamants. *Boutique 15, station KCR Sha Tin • Plan E3*

3 Universal Models
Pour les amateurs de modèles réduits : figurines militaires, dernier Mobile Set Gundam et un choix inquiétant de pistolets à plombs. *Boutique A315, 3e étage, New Town Plaza, Sha Tin • Plan E3*

4 Yamano
Mille crèmes et lotions. Japonais hyper-chic. *Boutique 371, 3e étage, New Town Plaza, Sha Tin • Plan E3*

5 A&P Service Centre
Pour les guerriers du week-end. Des types étranges y contemplent amoureusement d'énormes couteaux et des treillis. *Boutique A329, 3e étage, New Town Plaza, Sha Tin • Plan E3*

6 Suzuya
Marque japonaise pour adolescentes. Si vous voulez ressembler à Sailor Moon. *Boutique 457-9, 4e étage, New Town Plaza, Sha Tin • Plan E3*

7 Bossini
Important établissement de la chaîne de magasins du prix cassé. Le plein de T-shirts et de chaussettes. *Boutique 318-319, 3e étage, New Town Plaza, Sha Tin • Plan E3*

8 Marks & Spencer
Un de leurs plus grands magasins de Hong-Kong. Chaussures, sous-vêtements, alimentation pour les Anglais pleurant la mère patrie. *Boutique 329-339, 3e étage, New Town Plaza, Sha Tin • Plan E3*

9 Hang Heung Bakery
La boulangerie la plus courue de Hong-Kong pour ses *wife cakes* fourrés de pâte de haricot rouge, la pâtisserie traditionnelle de tout mariage chinois. *64-66 Yuen Long Main St • Plan C2*

Enfants devant Bossini

10 Wing Wah Baker
Le premier pourvoyeur de *moon cakes* à Hong-Kong *(p. 50)*. Ces gourmandises se dégustent lors de la Fête de la mi-automne. Le jaune d'œuf au milieu représente la pleine lune. *86 Yuen Long Main St • Plan C2*

Gauche **Acheteurs, New Town Plaza** Centre **Cocktails, Pimento Lounge** Droite **Regal Riverside Bar**

TOP 10 Bars

1 Steamers
Le pub le plus chic de Sai Kung (anciennement Newcastle Pub) : un bar crasseux aux murs borgnes. Superbe transformation. Idéal pour les curieux. *A2-3 Kam Wah Building, 18-32 Chan Man St, Sai Kung • Plan G3*

2 Beach Pub
Surplombant la baie, à 10 minutes à pied le long du front de mer en partant de Sai Kung Town. Le week-end, musique *live* et clientèle fidèle de Chinois et d'expatriés. *Beach Resort Hotel, 1780 Tai Mong Tsai Rd, Sai Kung • Plan G3*

3 Railway Tavern
Près du Railway Museum de Tai Po, un endroit sympa pour se désaltérer, bienvenu après une journée à la campagne. *Gare KCR de Tai Po Market • Plan E2*

4 Poets
Ne vous laissez pas abuser par son nom : on y entend plus de discussions bruyantes sur les derniers résultats de foot que de déclamations pompeuses. *Rdc, 55 Yie Chun St, Sai Kung • Plan G3*

5 Duke of York
Véritable institution – rénovée – de Sai Kung, où se presse tous les soirs et le week-end une foule d'habitués. On y sert une bonne cuisine bistrot. *42-56 Fuk Man Rd, Sai Kung • Plan G3*

6 Cheers Sports Bar and Restaurant
Encore un bar-resto récent parmi la profusion des derniers-nés de Sai Kung. Plus sophistiqué que ses concurrents, mais bruyant les soirs de retransmission télévisée de foot ou de rugby. *28 Yi Chun St, Sai Kung • Plan G3*

7 Regal Riverside Hotel Bar
Bar chic avec vue sur la rivière Shing Mun, à Sha Tin. Parfait après un shopping-marathon à New Town Plaza. *1er étage, Regal Riverside Hotel, Tai Chung Kiu Rd, Sha Tin • Plan E3*

8 Royal Park Hotel Lounge Bar
Un des nombreux bars d'hôtels de Sha Tin. Bière bon marché mais ambiance plutôt morne. *Rdc, Royal Park Hotel, 8 Pak Hok Ting St, Sha Tin • Plan E3*

9 Kowloon Panda Pimento Lounge
Pas de pandas mais des martinis pimentés. Boissons à prix doux et vue honnête sur les collines et lotissements de Tuen Mun. *13e étage, Kowloon Panda Hotel, 3 Tsuen Wah St, Tsuen Wan • Plan D3*

10 Kowloon Panda Lobby Lounge
Si vous êtes allergique aux ascenseurs, contentez-vous du bar du troisième étage. En-cas et boissons à prix très raisonnables. *Adresse ci-dessus*

Gauche **Cosmopolitan Curry House** Centre et droite **Chianti Ristorante Italiano**

TOP 10 Manger sans se ruiner

1 Pepperoni's
Un des premiers restaurants orientaux corrects de Sai Kung ; toujours dans la course. Ambiance détendue, généreuses (et excellentes) portions de pizzas, pâtes, nachos, calamars et bonne sélection de vins. *18B Main St, Sai Kung • Plan G3 • 2792 2083 • $$*

2 Cosmopolitan Curry House
Ce lieu prospère depuis des années. Bière fraîche, currys malais et indonésiens épicés, à petits prix, d'où les fréquentes files d'attente. *80 Kwong Fuk Rd, Tai Po • Plan E2 • 2650 7056 • $$*

3 Hello Kitty Café
Après avoir inondé les chambres d'adolescentes de babioles inutiles, Hello Kitty se lance dans la restauration. Peu importe que la belle n'ait pas de bouche ! *1er étage, Luk Yueng Galleria, 22-26 Wai Tsuen Rd, Tsuen Wan • Plan D3 • 2414 3262 • $*

4 Nice Hoover Hop Pot
Des plats chinois bon marché et les meilleurs *dim sum* de Fanling (la concurrence est faible !) *Rdc, Comfort Court, 2 Luen Chong St, Luen Wo Hui, Fanling • Plan D2 • 2682 0683 • $*

5 Sun Ming Yuen Seafood
Excellents *dim sum* et autres plats chinois sans prétention au cœur d'un village historique. *105 Wo Tai St, Luen Wo Hui, Fanling • Plan D2 • 2677 8218 • $*

6 Yokel Cook
Yokel signifie « paysan ». Pourtant, la cuisine n'est pas locale, mais japonaise et occidentale. *Boutique 210, Plover Cove Garden, Tai Po • Plan E2 • Pas de cartes bancaires • 2654 7981 • $*

7 Chianti Ristorante Italiano
Pour une orgie de pâtes à trois sous. À noter : la médiocrité du service. *3e étage, Hôtel Kowloon Panda, 3 Tsuen Wah St, Tsuen Wan • Plan D3 • 2409 3226 • $-$$*

8 Shalimar
Currys les moins chers hors des Chungking Mansions. *127 Kwong Fuk Rd, Tai Po • Plan E2 • Pas de cartes bancaires • 2653 7790 • $*

9 Luen Yick Restaurant
Classiques cantonais, dont le très populaire pigeon haché, dans un cadre rural charmant. *Luen Yick Village, Sam Mun Tsui, Tai Po • Plan E2 • Pas de cartes bancaires • 2664 0455 • $*

10 Shaffi's Indian
Connu pour avoir été le chef cuisinier des troupes britanniques et gurhka durant des années à la caserne de Shek Kong, le patron a déplacé son enseigne à Yuen Long après la rétrocession. Ses fidèles l'y ont suivi pour ses currys grandioses. *14 Fau Tsoi St, Yuen Long • Plan C2 • 2476 7885 • $*

Sauf indication contraire, tous les restaurants acceptent les cartes bancaires.

Royal Park Chinese

Catégories de prix

Prix moyen pour une personne, comprenant 3 plats et une demi-bouteille de vin (ou repas équivalent), service inclus.		
	$	moins de 100 HK$
	$$	de 100 à 250 HK$
	$$$	de 250 à 450 HK$
	$$$$	de 450 à 600 HK$
	$$$$$	plus de 600 HK$

TOP 10 Restaurants

1 Jaspa's

Mélange de saveurs étonnant, personnel accueillant et nombreux vins australiens à prix doux. *13 Sha Tsui Path, Sai Kung • Plan G3 • 2792 6388 • $$$*

2 Tung Kee Restaurant

Choisissez votre poisson dans l'un des aquariums du bord de l'eau, marchandez, puis emportez-le dans un sac à la cuisine, où il sera aussitôt préparé. Pour s'offrir l'un des meilleurs repas de fruits de mer de Hong-Kong. *96-102 Man Nin St, Sai Kung • Plan G • 2791 9312 • $$$*

3 Lung Wah Hotel

L'hôtel a disparu depuis longtemps, mais le restaurant n'a pas failli depuis cinquante ans. Spécialités de chauve-souris (viande maigre à savourer sans réfléchir). Quelques célébrités. *22 Ha Wo Che St, Sha Tin • Plan E3 • 2691 1594 • $$*

4 Royal Park Chinese

De fines spécialités cantonaises, rares à Sha Tin, dont le poulet croustillant et la soupe aux ailerons de requin. *2e étage, Royal Park Hotel, 8 Pak Hok Ting St, Sha Tin • Plan E3 • 2694 3939 • $$$*

5 Ristorante Firenze

Presque toujours bondé. Logique, quand on connaît ses pâtes et ses vins rouges (excellents et peu chers). Bonnes pizzas. *60 Po Tung Rd, Sai Kung • Plan G3 • 2792 0898 • $$-$$$*

6 Kar Shing Restaurant

Yuen Long a peu d'intérêt, mais si vous y passez, allez assister à la New Territories Great Bowl Feast du Kar Shing : quatre personnes tentent de venir à bout d'une montagne de viande, fruits de mer et légumes. *3e étage 249 Castle Peak Rd, Yuen Long Plaza • Plan C2 • 2478 2778 • $$$*

7 Thai-Malaysian Restaurant

Un immense emporium dédié au curry à Sheung Shui. Connu dans la région pour ses préparations aux crabes, poissons, gambas et autres fruits de mer. *28-30 Sun Fat St, Sheung Shui • Plan E1 • 2673 2230 • $$*

8 Tapas Tree

Terre cuite, chandelles et guitare espagnole. Les tapas risquent de déplaire aux puristes, mais rassasieront les affamés. *Boutique 10A, Po Tung Rd, Sai Kung • Plan G3 • 2792 6608 • $$-$$$*

9 Kapa

Bons sushis à Sha Tin. *Boutique A191-193, 1er étage, New Town Plaza Phase 3, Sha Tin • Plan E3 • 2603 0545 • $$$*

10 Baanthai

Situation peu séduisante à l'intérieur du New Town Plaza, mais des currys thaï épicés à réveiller les accrocs du shopping épuisés par leurs courses ! *Boutique A172, 1er étage, New Town Plaza, Sha Tin • Plan E3 • 2609 3686 • $$-$$$*

Pages suivantes **Spirales d'encens**

Gauche **Tai O** Centre **Île de Lamma (Lamma Island)** Droite **Homard**

Les îles de l'archipel

Qui dit Hong-Kong pense ville, et non archipel. Or, si vous parvenez à vous extraire des bars et boutiques du centre-ville, les 260 îles disséminées autour de la péninsule vous feront vivre les expériences les plus sublimes de votre séjour. La plus grande d'entre elle, Lantau, aujourd'hui reliée au continent par un pont, a perdu un peu de sa langueur et de son originalité d'antan ; mais les plus petites offrent leur lot de compensations et d'opportunités pour se perdre, des petits sentiers étroits de Cheung Chau aux fêtes délirantes de la plage de Power Station, à Lamma.

Les Sites

1. Lantau : Mui Wo
2. Lantau : Tai O
3. Lantau : Sunset Peak
4. Lantau : monastère trappiste
5. Lamma : Sok Kwu Wan
6. Lamma : Yung Shue Wan
7. Po Toi
8. Tap Mum
9. Peng Chau
10. Île de Cheung Chau

Gauche **China Bear Club, Lantau** Droite **Sunset Peak, Lantau**

Maisons sur pilotis, Tai O

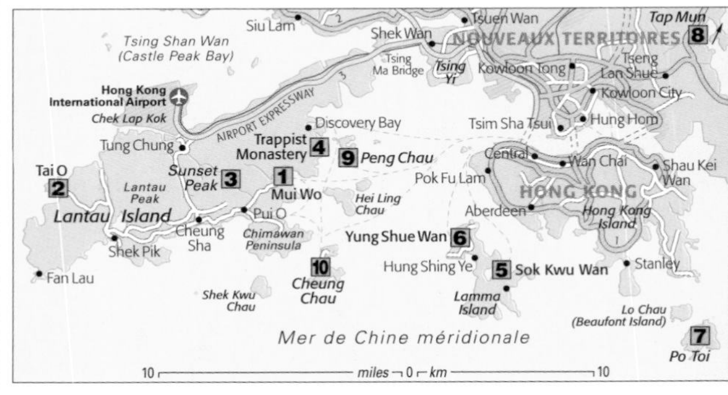

Plage de Mui Wo, île de Lantau (Lantau Island)

1 Lantau : Mui Wo

Le ferry principal en provenance de Hong-Kong accoste à Mui Wo (Silvermine Bay). Si l'endroit est loin d'être le plus beau de Lantau, il constitue un bon point de départ pour l'exploration de l'île. La plupart des bars et restaurants se trouvent à deux pas, ainsi qu'un supermarché et une plage (à cinq minutes à pied au nord-est). Avant toute balade, prenez le temps d'une bière et d'une partie de billard, ou allez faire vos provisions pour un pique-nique. *Plan C5*

2 Lantau : Tai O

Le joli village de Tai O, sur la côte ouest de Lantau, mérite le détour malgré son éloignement. Niché dans un estuaire, il est l'un des derniers où l'on peut encore voir les maisons traditionnelles sur pilotis des pêcheurs, dont certaines sont minuscules. Les amateurs d'authenticité goûteront la pâte de crevettes, sorte de sauce de poisson relevée, issue de la fermentation de crevettes et d'épices dans des jarres au soleil. Meilleur que le descriptif pourrait le laisser supposer ! *Plan A5*

3 Lantau : Sunset Peak

Réservé aux sportifs. Le deuxième sommet de Hong-Kong (934 m) offre le plus beau panorama de Lantau. Vues merveilleuses sur la péninsule, l'aéroport international, le monastère de Po Lin et les vallées boisées de cette contrée quasi déserte. Les plus courageux dormiront à l'auberge de jeunesse pour assister au lever de soleil le plus spectaculaire de Hong-Kong. Uniquement par temps clair, bien entendu. *Plan B5*

4 Lantau : monastère trappiste (Trappist Monastery)

Silence requis pour la visite de la chapelle accolée à la vieille ferme en ruine. En dehors de cela il n'y a pas grand-chose à voir, mais le monastère est un bon but de balade dans les bois pour aller à (ou venir de) Discovery Bay. Desservi par de rares ferries Kaido en direction de Discovery Bay ou de l'île de Peng Chau *(p. 115)* et de ses nombreux restaurants de fruits de mer.
Plan C5 • Entrée libre

Village de pêcheurs de Tai O

Le Grand Bouddha et le monastère de Po Lin **p. 28-29**

Port de Peng Chau

5 Lamma : Sok Kwu Wan

Les sites touristiques sont rares sur cette portion ultra-bétonnée de la côte est de Lamma. Sok Kwu Wan est principalement connu pour sa carrière et ses innombrables restaurants de fruits de mer le long du port (ils se valent tous et sont pour la plupart d'excellente qualité). À eux seuls, leurs aquariums méritent le détour pour la taille monstrueuse de certains poissons et crustacés. Au bout de la rue principale se dresse le beau temple de Tin Hau. Quant à la promenade de 5 km menant au village endormi et à la plage de Yung Shue Ha, elle est réservée aux sportifs. *Plan E6 • Ferries réguliers depuis l'île de Hong-Kong*

6 Lamma : Yung Shue Wan

Autre port de la côte ouest. Sa rue principale, dans un état de délabrement poignant, regorge de bars et de restaurants. Avant d'aller à la plage – propre – de Hung Shing Ye (un bon quart d'heure de marche, vers le S.-O.), regardez passer les villageois, les expatriés et vos amis touristes ! *Plan D5 • Ferries réguliers depuis l'île de Hong-Kong*

Les dauphins roses de Lantau

Pour voir les rares dauphins de la rivière des Perles qui viennent s'ébattre le long des côtes de Lantau, de nombreuses sorties en mer sont organisées. Participez-y pour connaître le mode de vie de cette espèce menacée par la pollution, la pêche intensive et les hélices (mortelles) des bateaux et hydrofoils. Au moins quatre départs par semaine *(p. 54 et 145)*.

7 Po Toi

Accéder à cet affleurement rocheux quasi désert au sud de l'île de Hong-Kong relève de l'exploit (les jonques se louent uniquement le dimanche). Mais le jeu en vaut la chandelle. Falaises plongeantes sur la mer de Chine et promenades du bout du monde qui s'achèvent au Ming Kee, unique restaurant de l'île *(p. 117)*. *Plan F6 • Ferries pour et depuis la plage St Stephen de Stanley, les dim.*

Gauche **Poissons séchés** Droite **Plage de Hung Shing Ye, Lamma**

Pêcheur

8 Tap Mum

Au nord de la péninsule de Sai Kung, la minuscule île isolée de Tap Mum, l'« île de l'herbe », n'est reliée au continent que 2 ou 3 fois par jour. Allez-y pour les saisissantes formations rocheuses, le fracas des vagues, les troupeaux de bétail et un isolement (relatif). Très beau et grand temple de Tin Hau. Pensez à emporter un pique-nique – les restaurants sont rares – et attention à ne pas manquer le dernier ferry car il n'y a pas d'hôtels. *Plan H2 • Ferries depuis Wong Shek et Ma Liu Shui*

9 Peng Chau

Blottie près de Lantau, face à Discovery Bay, cette petite île offre la vision d'une communauté côtière traditionnelle. Pour se promener au hasard des ruelles étroites, des magasins minuscules et des temples, au son du cliquetis lointain des parties de mah-jong ou d'un opéra cantonais échappé d'un vieux poste. Peu de restaurants (mais fruits de mer bon marché) et pas de plages. *Plan C5 • Ferries depuis l'île de Hong-Kong et Discovery Bay, à Lantau*

10 Île de Cheung Chau

Cet ancien repaire de pirates conserve beaucoup de son caractère original, avec ses petits chantiers navals au bout du port, ses vieux temples et lieux de pèlerinage disséminés au fil de ses routes étroites. Beaucoup de ses habitants étant pêcheurs, les fruits de mer y sont bon marché. Quelques très belles plages *(p. 24-25)*.

Une journée à Lantau

Matin

Partez tôt. Prenez un ferry pour Lantau à l'*Outlying Island Ferry Pier*, sur l'île de Hong-Kong, et descendez à **Mui Wo** *(p. 113)*. Attrapez le bus 1, devant le quai des ferries, et allez jusqu'au terminus, le vieux village de pêcheurs de **Tai O** *(p. 113)* à l'extrême nord-ouest de la côte.

Admirez le spectacle et imprégnez-vous des odeurs de cet ancien village avant de repartir pour Ngong Ping, son **Grand Bouddha** et le **monastère de Po Lin** *(p. 28-29)*.

Déjeunez « végétarien » au monastère ou pique-niquez. Les alentours de Ngong Ping se prêtent à des randonnées faciles, avec vue et escalades (Lantau Peak).

Après-midi

S'il vous reste du temps, reprenez le bus pour Mui Wo et arrêtez-vous à la superbe plage de Cheung Sha, propre et quasiment toujours déserte (demandez au chauffeur de vous dire où descendre). Pour une après-midi de nage, repos et bronzette sur sable doré !

Apaisez votre soif et votre petit creux chez **Stoep** *(p. 117)*, qui sert une cuisine de types méditerranéen et sud-africain.

De là, le trajet pour regagner Mui Wo est rapide. Avant de reprendre le ferry, allez boire un verre à l'Hippo ou au **China Bear** *(p. 117)*, deux bars conviviaux proches de la jetée.

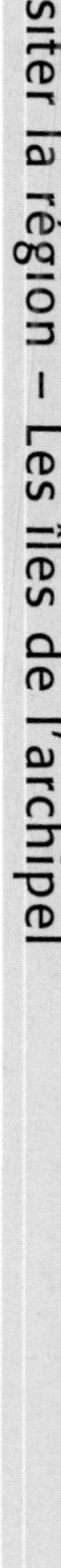

Gauche **Grand Bouddha** Centre **Bateaux, Lantau** Droite **Femme hakka**

TOP 10 À photographier

1 Grand Bouddha de Lantau

Le site, pour sa beauté saisissante, sans oublier son Grand Bouddha *(p. 28-29)*.

2 Pont arrière des ferries

Perspectives saisissantes. Les Star Ferries sont incontournables pour immortaliser la folie architecturale de Hong-Kong *(p. 14-15)*.

3 Chapeau des femmes hakkas

Le chapeau large, drapé et frangé de coton noir, appartient au costume traditionnel hakka, une ethnie de la région. Beaucoup de femmes le portent autour de Hong-Kong, bien qu'elles n'appartiennent pas à cette tribu.

4 Port de Cheung Chau

Pour de superbes bateaux de pêche aux proues élancées, des sampans râblés et des chantiers navals animés *(p. 24-25)*.

5 Village de Tai O, Lantau

Un ancien village de pêcheurs, sur la côte nord-ouest de l'île. Dernier site où l'on peut encore voir des maisons traditionnelles sur pilotis *(p. 113)*.

6 Ambulance et voiture de pompier miniatures de Cheung Chau

Sur Cheung Chau, allez à pied au nord de She Praya Road pour jeter un coup d'œil dans le petit garage et apercevoir l'ambulance et le camion de pompier miniatures, conçus pour se faufiler sur les sentiers étroits de l'île.

7 Aquariums des restaurants de Lamma

Les restaurants exposent le contenu de leurs menus dans de grands aquariums. Pour voir une gamme étonnante de monstres marins vivants, fruits de mer et poissons, allant du homard géant à des créatures qui grouillent et frétillent en tous sens.

8 Vue de l'aéroport depuis le Lantau Peak

Depuis le Lantau Peak, par temps clair et avec un objectif puissant, possibilité de superbes photos de l'aéroport, mais aussi du monastère et de la campagne environnante. *Plan B5*

9 Point de vue sur l'aéroport pour les passionnés

L'aéroport ne possédant pas de site d'observation officiel, allez à pied ou en taxi jusqu'à la colline de Tung Chung et suivez le chemin qui mène à son sommet et à sa pagode. *Plan B5*

10 Point de vue sur le pont de Tsing Ma

Si les projets architecturaux d'envergure vous intéressent, rendez-vous à l'Airport Core Programme Exhibition Centre de Ting Kau (gratuit). Sur le toit, une terrasse vous permettra de photographier les élégants ponts Tsing Ma et Ting Kau.

Catégories de prix		
Prix moyen pour une personne, comprenant 3 plats et une demi-bouteille de vin (ou repas équivalent), service inclus.	$	moins de 100 HK$
	$$	de 100 à 250 HK$
	$$$	de 250 à 450 HK$
	$$$$	de 450 à 600 HK$
	$$$$$	plus de 600 HK$

China Bear

TOP 10 Bars et restaurants

1 China Bear, Lantau
Vous avez manqué le ferry ? Allez vite vous consoler au coin de la rue. Bonnes spécialités et bière maison à peu de frais. *Mui Wo Centre • Plan C5 • Pas de cartes bancaires • $$*

2 Stoep, Lantau
Bons plats méditerranéens et sud-africains sur l'une des plus jolies plages de l'île. Goûtez les tapas ou le poisson froid au curry du Cap. *32 Lower Cheung Sha Village • Plan B6 • 2980 2699 • $$*

3 La Gallery, Lantau
Convivial. Près d'une plage agréable, possibilité de goûter une cuisine turque et méditerranéenne. Pour les vrais carnivores, autruche ou *boerewors* épicés (saucisses sud-africaines). Tong Fuk Village, *South Lantau Rd • Plan B6 • 980 2582 • Fermé lun. Pas de cartes bancaire • $$*

4 Jo Jo, Lantau
Un excellent restaurant indien qui contraste avec la fadeur quasi générale des restaurants de l'île. *Boutique 101, 1er étage, Bloc A, Discovery Plaz • Plan C5 • 2987 0122 • $$*

5 Rainbow Seafood, Lamma
Un des meilleurs restaurants de l'île. Vue sur le port, fruits de mer exquis ; vous succomberez, comme les locaux. *16-20 First St, Sok Kwu Wan • Plan E6 • 2982 8100 • $$*

6 Deli Lamma, Lamma
Rendez-vous favori des expatriés locaux et siège des fêtes du Typhon qui durent la nuit entière. Ambiance chaleureuse et menu indien-occidental correct. *Vindaloos* impressionnants. *36 Main St, Yung Shue Wan • Plan D5 • $$*

7 Bookworm Café, Lamma
Une éthique végétarienne clamée sur les murs à coup de slogans nunuches. Tout cela est heureusement compensé par la convivialité, la cuisine et les jus de fruits frais exceptionnels. *79 Main St, Yung Shue Wan • Plan D5 • 2982 4838 • Pas de cartes bancaires • $$*

8 Han Lok Yuen, Lamma
À 20 minutes à pied de Yung Shue Wan, spécialités de pigeon. *16-17 Hung Shing Ye • Plan D5 • 2982 0680 • Pas de cartes bancaires • $$*

9 Cheung Kee, Cheung Chau
Plats locaux limite mais les nouilles sont fraîches, les boulettes et les *wonton* parfaits. Facile à trouver, près du quai des ferries (l'enseigne est en chinois). *83 Praya St • Plan C6 • 2981 8078 • Pas de cartes bancaires • $*

10 Ming Kee Seafood, Po Toi
Le seul restaurant de Po Toi, tenu par un restaurateur et ses sept filles. Allez-y en jonque, ou depuis Stanley le dimanche *(p. 114)*. *Tai Wan • Plan F6 • 2849 7038 • Pas de cartes bancaires • $$*

Sauf indication contraire, tous les restaurants acceptent les cartes bancaires

Gauche **Phare de Guia** Centre **Bas-relief, Maritime Museum** Droite **São Domingo**

Macao (Macau)

Si les jeux d'argent constituent indubitablement le premier attrait de Macao – notamment pour les Hong-Kongais qui y débarquent chaque nuit par bateau ou hélicoptère, cette ancienne colonie portugaise est bien plus qu'un médiocre pastiche de Las Vegas et offre, à qui sait les trouver, de superbes places aux accents ibériques imprégnées de quatre siècles d'histoire, sans oublier sa cuisine exquise, métissage d'influences chinoises et portugaises.

Jardin Lou Lim Ieoc

TOP 10 Les sites

1. **Avenida da Praia Grande**
2. **Phare de Guia**
3. **Ruinas de São Paulo**
4. **Largo de Senado**
5. **Centre culturel**
6. **Cimetière protestant**
7. **Jardins de Camões**
8. **Fortaleza do Monte**
9. **Théâtre Dom Pedro**
10. **Séminaire St Joseph**

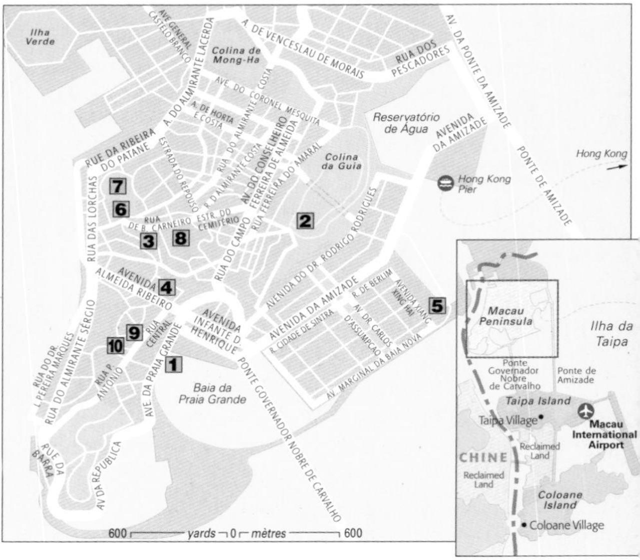

Ruinas de São Paulo

1 Avenida da Praia Grande

Les banians qui bordent cette avenue élégante étirent leurs ombres gracieuses sur les maisons coloniales aux tons pastel. Contrairement à Hong-Kong, Macao a su préserver son patrimoine. À la pointe de la péninsule où se dresse la magnifique forteresse transformée en hôtel, la Pousada de São Tiago, la route prend le nom d'Avenida de Republica, avant de devenir Rua da Barra et de mourir dans le Porto Interior (port Intérieur).

2 Phare de Guia

Monument le plus visible de Macao, le phare de Guia veille en solitaire depuis 1638 sur les navigateurs, qu'ils soient flibustiers ou commerçants. Pour gravir la colline et jouir d'un panorama à 360° sur la ville depuis son point culminant, empruntez le téléphérique puis prenez le temps de redescendre à pied. *Entrée libre*

3 Ruinas de São Paulo

La façade et la mosaïque du sol sont les seuls vestiges de l'église la plus grandiose de Macao. Perchée au sommet d'une volée de marches en pierre et consolidée par un échafaudage en fer, cette cathédrale bâtie par les jésuites fut saluée en son temps comme le plus grand monument de la chrétienté en Orient. Ravagée par un incendie en 1815 – et par les ans –, elle ne doit la survie de sa façade qu'à d'importants travaux au début des années 1990. *Entrée libre*

4 Largo de Senado

Avec ses maisons chatoyantes et ses pavés aux courbes psychédéliques, cette place située au cœur de Macao est l'un des sites favoris des photographes. À une extrémité se dresse le *Leal Senado* (Sénat Loyal), ancien poste de commandement portugais devenu siège du conseil municipal, qui tire son nom du refus de Macao de reconnaître l'occupation du Portugal par les Espagnols au XVIIe s. *Leal Senado • Ouv. de 9h à 21h t.l.j. • Entrée libre*

Gauche **En-cas dans la rue** Droite **Largo de Senado**

Modalités d'entrée à Macao **p. 136**

Gauche **Jardins de Camões** Droite **Casino flottant**

5 Centre culturel

Cet immeuble élégant, conçu et terminé à temps pour la rétrocession de décembre 1999, vit la cérémonie se dérouler derrière ses murs, dans un édifice temporaire aux allures de lanterne chinoise. Il est au cœur du festival des Arts de Macao (chaque année au mois de mars) et d'un mystère irrésolu : pourquoi avoir coiffé son toit d'un tremplin de saut à ski ? *Ouv. de 11h à 19h t.l.j. • Entrée libre*

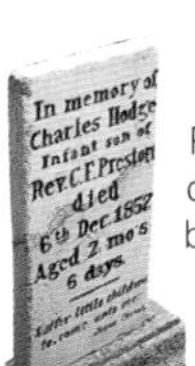

Pierre tombale

6 Cimetière protestant

Plus intéressant qu'on l'imagine, bucolique avec ses bosquets parsemés de tombes et ses épitaphes dédiées aux marins ou aux coloniaux morts de la peste. Parmi les sépultures, celles du peintre George Chinnery (le bar du Mandarin Oriental à Hong-Kong porte son nom) et de Robert Morrison, premier protestant à avoir voulu évangéliser les Chinois. *Ouv. de 9h à 18h t.l.j. • Entrée libre*

7 Jardins de Camões

Luís de Camões, poète et auteur de l'épopée nationale du XVIe s. *Les Lusiades,* n'est peut-être jamais venu à Macao, mais ne le dites pas aux Portugais locaux ! Son buste, placé dans une excavation, commémore son supposé passage. Le matin, de vieux messieurs viennent promener leur oiseau en cage dans les jardins. *Ouv. de 6h à 21h • Entrée libre*

Histoire de Macao

La péninsule de Macao fut colonisée par les Portugais en 1557 pour servir de base commerciale et religieuse (chrétienne). Menacée par les Hollandais en 1622, elle a lutté pour survivre pendant 250 ans. Au milieu du XIXe siècle, les Portugais ont tenté d'asseoir leur pouvoir et sont parvenus à annexer les îles voisines de Taipa et Coloane, mais Macao n'a jamais pu rivaliser avec Hong-Kong ; les jeux d'argent, l'opium et la prostitution sont restés ses principaux attraits. Avec le déclin du colonialisme, les Portugais ont rendu l'enclave à la Chine en décembre 1999.

8 Fortaleza do Monte

Première forteresse portugaise à Macao, bâtie pour

Fortaleza do Monte

Édifices coloniaux

soutenir des années de siège, elle sauva la ville lors d'une riposte décisive pendant l'attaque hollandaise de 1622 (les Hollandais convoitait la péninsule depuis des années). Des militaires portugais y furent basés jusqu'à 1966, époque à laquelle le Portugal décida de modifier sa politique et de quitter son rôle de colonialiste armé pour endosser celui d'administrateur.
Ouv. de 6h à 19h t.l.j. • Entrée libre

9 Théâtre Dom Pedro

Le plus ancien théâtre lyrique colonial d'Asie date de 1858. Il a été récemment rénové et les spectacles et concerts ont repris après des années de négligence. Pour un aperçu de l'histoire théâtrale.
9h à 18h • Office de Tourisme de Macao pour des informations sur les spectacles • 315 5666

10 Séminaire St Joseph

Une chapelle jaune, édifiée par les jésuites entre 1746 et 1758 selon le plan de la basilique Bun Gesù de Rome. Sur la plaque commémorative d'origine, récemment retrouvée, on peut lire les noms du roi portugais João V, de l'évêque de Macao, Hilario de St Rosa, et de l'empereur chinois Kien Luim, de la dynastie Qing. Ses cloches bicentenaires carillonnent toujours. Nombreux objets religieux.

Une journée à Macao

Matin

Prenez un taxi pour les **Ruinas de São Paulo** *(p. 119)*, au cœur de Macao, et prenez-vous en photo devant, sur les marches. Allez ensuite flâner parmi les antiquaires et les magasins de meubles des rues environnantes. Les malles laquées rouges, les tables et chaises anciennes en teck y sont moins chères qu'à Hong-Kong.

Quand vos pieds commenceront à vous faire souffrir, prenez un taxi jusqu'à l'île Coloane pour un déjeuner arrosé de sangria chez **Fernando's** *(p. 125)*. Goûtez le poulet frit, les crevettes à l'ail, les praires et les sardines avec un délicieux pain chaud, ou l'exquise salade portugaise.

Après-midi

Allez digérer sur la **plage de Hac Sa** *(p. 122)* ou marchez jusqu'au minibus, devant Fernando's, pour vous rendre au village de Taipa (magasins et maisons pittoresques).

Pour revenir à Macao, le plus simple est de prendre un taxi. Arrêtez-vous à l'**Hôtel Lisboa** *(p. 123)* et plongez dans l'univers du jeu du plus grand casino. Si vous voulez jouer, succombez, mais attention : la plupart des clients sont des joueurs confirmés !

Si vous gagnez, ou si vous savez vous arrêter, filez vers l'Avenida Dr Sun Yat-Sen et ses myriades de bars pour une nuit de fête en commençant, pourquoi pas, par le **Moonwalker**, suivi du **Signal** *(p. 124)*.

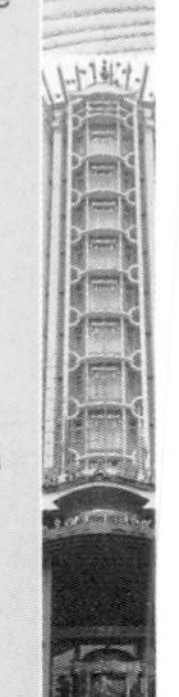

Gauche **Jardin de Lou Lim Ieoc** Centre **Rua da Felicidade** Droite **Maritime Museum**

TOP 10 Où flâner

1 Macau Tower

Tour surnommée « L'Érection du Dr Ho » en hommage au magnat du jeu, le Dr Stanley Ho. Plus haute que la tour Eiffel (338 m), au milieu d'un parc à thème et d'un complexe de restaurants, elle dispose d'un restaurant tournant au sol vitré, déconseillé aux cœurs fragiles. *Région des lacs Nam Van*

2 Pousada de Coloane

Premier hôtel de bord de mer de Macao, parfait pour aller boire un verre quand le soleil brille. *Plage Cheoc Van, Coloane*

3 Jardin de Lou Lim Ieoc

Des arbres, de l'ombre, des bancs et des bassins avec des lotus. *Avenida do Conselheiro Ferreira De Almeida • Ouv. de 6h à 18h t.l.j.*

4 Musée de Macao

Histoire et architecture. *Citadelle de São Paolo do Monte • Ouv. de 10h à 18h. Fermé le lun • Entrée payante*

5 Sao Domingos

Dominant la place Largo di Senado, cette église baroque fut restaurée dans les années 1990, suite à de terribles dégradations occasionnées par les fourmis. Musée contigu avec plus de 300 œuvres sacrées. *Largo do Domingos • Ouv. de 10h à 18h t.l.j. • Entrée libre*

6 Sun Yat Sen Memorial House

Le « père de la Chine moderne » vécut à Macao, où sa première femme demeura après son exil forcé. *Avenida Sidonio Pais • Ouv. de 10h à 13h et de 14h30 à 17h. Fermé mar. • Entrée libre*

7 Rua da Felicidade

La « rue du bonheur », autrefois paradis des maisons closes (d'où son nom), est devenue une belle artère pavée ourlée de nombreux restaurants bon marché.

8 Maritime Museum

Pour ceux que le passé maritime de Macao intéresse. *Rua de Sao Tiago da Barra • Ouv. de 10h à 17h30. Fermé mar. • Entrée payante*

9 Pousada de Sao Tiago

À l'origine (au XVIIe siècle), ce bel hôtel *(p. 154)* surplombant la baie était un fort portugais taillé dans la roche. Avenida da Republica

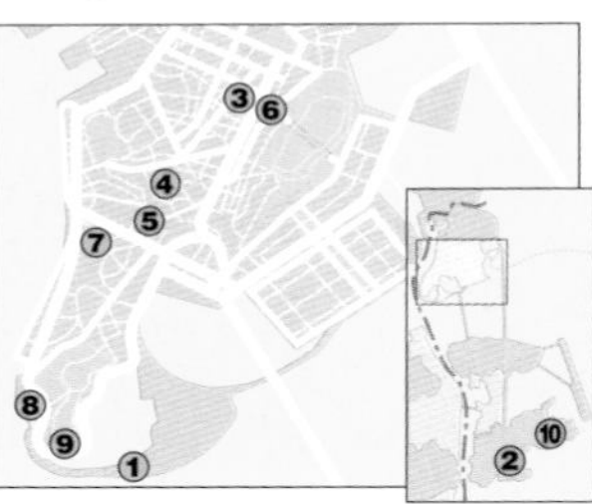

10 Hac Sa Beach

Plage de sable noir minéral. Contournez la pointe jusqu'au Westin Resort *(p. 154)* pour boire un verre. *Coloane*

Gauche **Hôtel Lisboa** Centre **Casino flottant** Droite **Casino Kam Pek**

TOP 10 Où jouer

1 Hôtel Lisboa

Le fer de lance du magnat du jeu nommé Dr Ho, sorte d'OVNI mâtiné de gâteau à la crème, reste l'un des édifices les plus curieux de Macao. Pour ses usuriers, ses joueurs à la mine défaite et aux vêtements froissés. *2-4 Avenida de Lisboa • Ouv. 24h/24*

2 Hippodrome de Macao

Un peu plus « fatigué » que son homologue hong-kongais, chic et hightech. *Estrada Gov Albano da Oliveira, Taipa • 821 188 • Courses mer. ou jeu. et w.-e. • Entrée payante*

3 Canidrome

Le seul champ de courses de lévriers d'Asie. *Avenida General Castelo Branco • 221 199 • Ouv. mar., jeu., w.-e. • Entrée payante.*

4 Casino Flottant

Un vieux ferry reconverti en parfait casino : clinquant comme un sapin de Noël, bondé, enfumé, suffocant. *Front de mer ouest, près du terminal des jetfoils Hong-Kong-Macau • Ouv. 24h/24*

5 Casino du Mandarin Oriental

La facette la plus convenable du jeu à Macao. Élégants citadins amateurs de martini. *Avenida da Amizade • Ouv. 24h/24*

6 Casino Jai Alai

Du nom du jeu de balle le plus rapide du monde (à l'aide de paniers en osier recourbés, des balles très dures sont lancées à des vitesses phénoménales) pratiqué à Cuba, au Mexique, et l'était jusqu'en 1980 à Macao. *Face au terminal des jetfoils • Ouv. 24h/24*

7 Casino Diamond

Dissimulé au premier étage du Holiday Inn, un petit casino à la clientèle relativement sélecte. *Rua De Pequim • Ouv. 24h/24*

8 Casino de l'hôtel Kingsway

Un des casinos les plus récents de Macao. Palme d'or du clinquant et paris plus élevés que dans les autres casinos. Débutants s'abstenir. *Rua de Luis Gonagaza Gomes • 24h/24*

9 Casino Kam Pek

Clientèle de locaux assidus, parfois grossiers avec les « étrangers », et de Hong-Kongais criards. Il est déconseillé de soutenir le regard des habitués. *Face au casino flottant • 24h/24*

10 Casino de l'hôtel Hyatt Regency

Sur Taipa, donc frénésie moins intense que dans les casinos macanais. *Estrada da Almirante Marques Esperteiro • Ouv. 24h/24h*

Gauche **Sanshiro** Centre **DDs** Droite **Casablanca Café**

TOP 10 Cafés, bars et clubs

1 Signal Bar

Le meilleur de tous sur Dynasty Plaza, le nouveau front de mer. Décor sobre et sélect, vue sublime sur le port et DJ locaux ou hong-kongais proposant de la musique commerciale et underground. *1er étage, Vista Magnifica Court, Avenida Dr Sun Yat-Sen • $*

2 Opiarium Café

Canapés confortables, jolies vues, musique *live*. Seul souci : il a fermé ses portes pour des problèmes de licence et la date de sa réouverture reste inconnue. *Avenida Dr Sun Yat-Sen • $*

3 Sanshiro

Comme la plupart des clubs de Macao, il ouvre tard, après 22 h. Bonne musique, ambiance sympa. *Avenida Dr Sun Yat-Sen*

4 Macau Jazz Club

Plus spacieux mais moins animé que le club obscur qu'il a remplacé. À deux pas, la statue de la déesse de la Miséricorde veille avec tristesse sur ses fêtards ivres ! Musique *live* après 21 h. *Avenida Dr Sun Yat-Sen*

5 Oskars's Pub

Bar d'hôtel typique avec les habituels touristes, locaux, et dames de petite vertu. *Rdc, Hôtel Holiday Inn, Rua de Pequim*

6 Embassy Bar

Association intéressante d'objets coloniaux. Également une vieille voiture de course. *Rdc, Hôtel Mandarin Oriental, Avenida da Amidaze*

7 Talker Pub

Les gens du cru viennent pour y faire la fête, soyez donc vigilants. Foot à la télévision et pinte raisonnable. *104 Rua de Pedro Coutinho*

8 DDs

Immense club récent. Parfois des membres des triades *(p. 90)* parmi ses « créatures » nocturnes. *Complexe souterrain, face à l'hôtel Sintra, Avenida Dom Joao V*

9 Moonwalker

Un bar fréquenté, sans Michael Jackson mais avec un magnifique panorama sur le port. *Vista Magnifica Court, Avenida Marginal da Baia*

10 Casablanca Café

Billard, velours rouge, posters évocateurs du film. Savourez mais évitez de lancer *Play it again, Sam* aux barmans (plutôt du genre revêche !) *Avenida Dr Carlos Assumpcao, Dynasty Plaza*

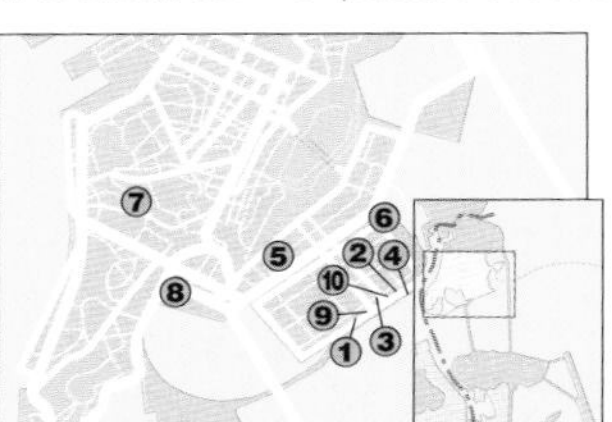

Gauche **Sardines grillées, Fernando's** Droite **Clube Militar de Macao**

Catégories de prix		
Prix moyen pour une personne, comprenant 3 plats et une demi-bouteille de vin (ou repas équivalent), service inclus.	**$**	moins de 100 HK$
	$$	de 100 à 250 HK$
	$$$	de 250 à 450 HK$
	$$$$	de 450 à 600 HK$
	$$$$$	plus de 600 HK$

TOP 10 Restaurants

1 Fernando's Sa célébrité ne l'a pas encore gâché. Idéal pour un long repas bien arrosé. Poulet rôti et sardines grillées (excellents), sangria assassine, crevettes à l'ail à tomber. *9 Hac Sa Beach, Coloane • 882 531 (réservation) • Pas de cartes bancaires • $$*

2 A Lorcha Délicats plats macanais, aux influences orientales et occidentales. Pour le poulet épicé grillé africain, la *bacalhau* (morue au four) et la *caldo verde* (soupe à la purée de pomme de terre). *289 Rua do Almirante Sergio • $*

3 Barra Nova À défaut d'entrer chez A Lorcha, venez ici, ils sont voisins. Bons plats copieux de cuisine portugaise et macanaise. *287A Rua do Almirante Sergio • 965 118 • $$*

4 Solmar Chouchou des locaux. Goûtez la soupe de fruits de mer avec ses morceaux de morue qui fondent dans la bouche. *512 Avenida da Praia Grande • 574 391 • $$*

5 Bolo de Arroz Repaire des Portugais restés à Macao. Café, pâtisseries. *11 Traversa de Sao Domingos • 339 089 • Pas de cartes bancaires • $*

6 Mezzaluna Restaurant romantique italien aux bougies en demi-lune. Les meilleures pâtes de Macao et une très belle sélection de vins. *Hôtel Mandarin Oriental, 956-1110 Avenida de Amizade • 567 888 • $$$*

7 Clube Militar de Macao Fief des officiers, le Clube Militar est l'un des plus beaux exemples d'architecture classique européenne en Asie. Cuisine portugaise pour gourmet. *975 Avenida da Praia Grande • 714 010 • $$$*

8 Flamingo Un bassin dans la verdure où pataugent des canards et une terrasse pour se détendre. Cuisine européenne teintée d'une touche asiatique. *6e étage, Hyatt Regency, 2 Estrada Almirante Marques Esperteiro • 831 234 • $$$*

9 O Manel Pour le *bacalhau* légendaire du chef : la meilleure morue norvégienne salée au Portugal puis grillée. *90 Rua Fernao Mendes Pinto, Village de Taipa • 827 571 • $$*

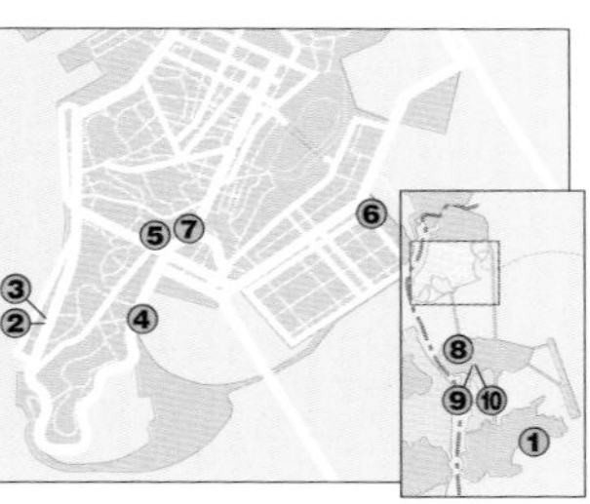

10 Cozinha Pinocchio Une institution. Pour les crevettes épicées, le pigeon rôti et le crabe au curry. *4 Rua do Sol, Village de Taipa • 827 128 • $$*

Sauf indication contraire, tous les restaurants acceptent les cartes bancaires.

Gauche **Crabes, marché de Dong Men** Centre **Minsk World** Droite **Parc à thème, Splendid China**

Shenzhen

Située de l'autre côté de la frontière des Nouveaux-Territoires, Shenzhen (ou « Schumchun ») était autrefois un village de la Chine communiste dont les pêcheries communales formaient un contraste saisissant avec le Hong-Kong capitaliste. En l'espace de 20 ans, il s'est métamorphosé en un eldorado grâce à son statut de zone économique de libre-échange, créateur de richesses et véritable aimant pour une faune d'opportunistes et de mendiants. Véritable Gotham City au mercantilisme tapageur, la ville donne un aperçu de la nouvelle Chine et peut s'apprécier, si tant est que l'on ne se départisse pas d'un solide sens de l'humour.

TOP 10 Les sites

1. Lo Wu Commercial City
2. Marché de Dong Men
3. Minsk World
4. Window of the World
5. Splendid China
6. China Folk Culture Village
7. Happy Valley
8. Mission Hills Golf Club
9. Soins de beauté
10. Honey Lake

Lo Wu Commercial City

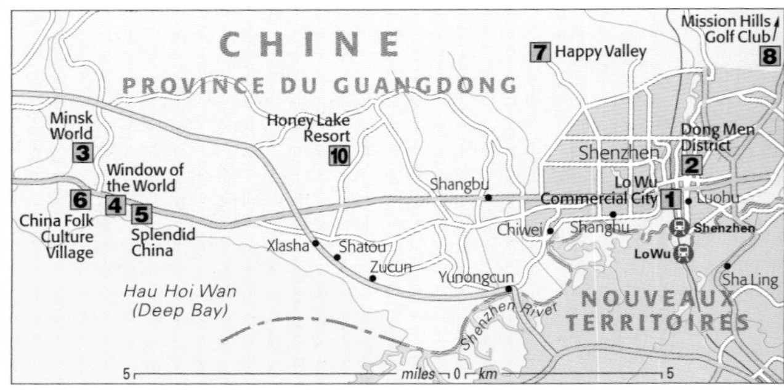

1 Lo Wu Commercial City

Pratique, accolé à la gare-frontière, ce vaste complexe détient la palme d'or des centres commerciaux de la ville. Ses cinq étages (le dernier abrite un grand marché textile) regorgent de tout ce que l'on peut désirer en quantités inépuisables et épuisantes. Articles de marques chinoises (souvent solides) et contrefaçons occidentales (risquées), vêtements, chaussures, bijoux, montres, accessoires et articles électroniques à l'infini. Pour faire de vraies affaires, tentez de baisser les prix de moitié. *Près de la gare frontière*

2 Marché de Dong Men (Dong Men District)

Pour les toniques ! Un choix hallucinant de vêtements, mais beaucoup d'articles, comme les chemises pour homme, sont taillés pour le marché asiatique. N'omettez pas les essayages pour éviter de vous retrouver avec des manches arrivant au niveau du coude. À l'extrémité est, une passerelle mène à un autre gigantesque marché textile. Aucune inscription n'est en anglais : si vous avez une destination précise, faites-la transcrire en chinois. *Quartier de Dong Men, à quelques km au nord de Lowu*

Minsk World

3 Minsk World

Un ancien porte-avion soviétique… ironique. On peut y acheter des hot-dogs « américains », découvrir des images de missiles se déchaînant dans des éclairs de feu sur fond de musique de western spaghetti, admirer Strelka, chien de l'espace empaillé, ou applaudir un numéro de cabaret russe déroutant. Très apprécié par les touristes chinois, un peu moins par les occidentaux ! *Quartier de Yantian • 755 535 5333 • Ouv. de 9h à 20h t.l.j. • Entrée payante*

4 Window of the World

De tous les parcs à thème dont raffole Shenzhen, cette réduction (littérale et métaphorique) du monde réel est probablement le plus surréaliste : le mont Fuji transformé en terril de 6 m de haut, des touristes en costume national thaï se prenant en photo devant le Taj Mahal et la vision poignante du World Trade Center. Spectacles *live* à heures fixes sur chaque « continent », dont celui d'une étrange tribu africaine jouée par des Asiatiques ! En prime, le toboggan du Grand Canyon et une piste de ski avec de la vraie neige. *Overseas Chinese Town • 86 755 660 8000 • Ouv. de 9h à 21h en semaine, de 9h à 22h30 le w.-e. • Entrée payante*

Window of the World

Visa pour la Chine **p.136**

Gauche et droite **Splendid China**

5 Splendid China

Les splendeurs architecturales de la Chine reconstituées, dont la Cité interdite de Pékin, les Guerriers de Xian et la Grande Muraille. *Overseas Chinese Town • 755 660 0626 • Ouv. de 10h à 22h30 en semaine, de 10h à 20h le w.-e. • Entrée payante*

6 China Folk Culture Village

Reconstitution en taille réelle de villages traditionnels peuplés de personnages élégants et souriants, figurant les différentes ethnies chinoises. Un cauchemar pour les anthropologistes ; pour les autres, un bon aperçu du brassage culturel et ethnique de la Chine. *Overseas Chinese Town • 755 660 0626 • Ouv. de 10h à 22h30 en semaine, de 10h à 20h le w.-e. • Entrée payante*

7 Happy Valley

Concurrent de l'Ocean Park de Hong-Kong, il offre, en prime, une piscine à vagues, des attractions à sensations, comme le Space Shot, un parcours du combattant et des démonstrations d'arts martiaux. Le monorail Happy Line permet de rejoindre les parcs à thème voisins. *Overseas Chinese Town • 755569 40168 • Ouv. de 9h30 à 21h t.l.j. • Entrée payante*

8 Mission Hills Golf Club

De nombreux hommes d'affaires hong-kongais passent la frontière pour venir jouer sur ce golf cinq étoiles de 90 trous. Pour ceux qui s'ennuieraient, 51 courts de tennis. *Mission Hills Rd, Guanlan • Réservations 2973 0303*

Golf de Mission Hills

9 Soins de beauté

Vous ne supportez plus les centres commerciaux et les parcs à thème ? Courez recharger vos batteries. À Lo Wu, on trouve tous les soins esthétiques possibles *(p. 127)*. Massage des pieds ou du dos à prix exceptionnels, ongleries, centres de remise en forme (dans les hôtels) offrant l'assurance de réflexologues professionnels et de masseurs traditionnels. Le luxe : plusieurs soins à la fois.

10 Honey Lake

Loin du stress urbain de Shenzhen, Honey Lake propose toutes les distractions imaginables, dont un grand parc d'attractions, un centre commercial, un golf et une piscine couverte et découverte. *Shenna Rd, quartier de Futian • 755 370 8988 • Entrée payante*

Restaurant Laurel

Catégories de prix

Prix moyen pour une personne, comprenant 3 plats et une demi-bouteille de vin (ou repas équivalent), service inclus.		
	$	moins de 100 HK$
	$$	de 100 à 250 HK$
	$$$	de 250 à 450 HK$
	$$$$	de 450 à 600 HK$
	$$$$$	plus de 600 HK$

TOP 10 Bars et restaurants

1 Laurel
Sublime cantonais classique. Mérite ses files d'attente. *Boutique 5010, 5e étage, Lo Wu Commercial City • 232 3668 • $$*

2 Nishmura
Déco moyenne mais l'un des rares japonais de Shenzhen. Sushi, sashimi, *teppanyaki* et *robotayaki* à des prix raisonnables. *2e étage, Hôtel Shangri-La, Jianshe Rd • 233 0888 • Pas de cartes bancaires • $$*

3 Luohu
Simili-pagode pour cuisine cantonaise courante : poissons et crustacés pêchés vivants dans les aquariums et *dim sum*. Apprécié, donc fréquenté. Prix légèrement plus bas qu'à Hong-Kong. *Jianshe Rd, 1er étage, Luohu Bldg • 225 2827 • Pas de cartes bancaires • $$$*

4 Tiara
Un restaurant tournant au sommet du luxueux hôtel Shangri-La *(p. 148)*. Sublimes vues sur Shenzhen la nuit, buffet international, ragoûts et grillades. *Hôtel Shangri-La, Jianshe Rd • 233 0888 x8230 • $$$$*

6 Henry J Beans
Une subite envie de hamburger ? Filez chez Henry J Beans. Aussi pour l'un des rares bars de Shenzhen sans paillettes ni karaoké assourdissant. *2e étage, Hôtel Shangri-La, Jianshe Rd • 233 0888 • $$*

7 BB's Bar and Brewery Restaurant
Le buffet brésilien à volonté du Landmark est destiné aux carnivores. On y sert la viande comme si l'on avait peur d'en manquer. Bière maison bon marché. *Le Landmark, 3018 Nanhu Rd • 217 2288 • $$*

8 Casablanca
Près du port, dans le quartier de Shekou. Repaire d'expatriés, cuisine internationale d'inspiration française. *Rdc, Yin Bin Bldg, Taizi Lu, Shekou • 667 5922 • Pas de cartes bancaires • $$*

9 Halftooth
Autre option à Shekou. Cuisine thaï et barbecues le week-end (le soir). *12 Bi Hua Lu, Crystal Garden, Shekou • 329 3278 • Pas de cartes bancaires • $$*

5 Yen Yen
Pas grand-chose à y voir mais ce petit boui-boui offre un excellent menu cantonais. *Rdc, Jin Cheng Bldg, Shennan Dong Lu, Lo Wu • 223 4168 • Pas de cartes bancaires • $*

Restaurant Nishimura

10 Piazza Café
Pour un somptueux repas de fruits de mer à prix doux, rendez-vous au buffet du *coffee shop* du Landmark. *1er étage, Landmark, 2 Nanhu Rd • 217 2288 • $$*

Sauf indication contraire, tous les restaurants acceptent les cartes bancaires.

Gauche **Scène de rue** Centre **Arts martiaux dans un parc** Droite **Hôtel White Swan, île de Shamiana**

Guangzhou

Les deux grandes révolutions chinoises, républicaine et communiste, sont nées à Guangzhou (Canton, pour les Occidentaux), ce qui laisse présumer du tempérament de cette capitale du sud de la Chine. Loin de Pékin, elle a su conserver son indépendance, alliée à l'insouciance et à l'impatience de ceux qui n'ont de compte à rendre à personne. Malgré la pollution et la circulation, sa personnalité reste visible dans ses richesses, telles que les tombeaux de la dynastie Han, les temples, l'architecture traditionnelle et l'exquise île de Shamian avec ses terrasses au charme désuet datant du XIX*e s.*

TOP 10 Les sites

1. **Île de Shamian**
2. **Flânerie dans les Geis**
3. **Temple de Hua Lin et marché de Jade**
4. **Temple du clan Chen**
5. **Temples de la Piété filiale et des Six Banians**
6. **Tombeau de Nanyue**
7. **Yuexiu Park**
8. **White Cloud Mountain**
9. **Musée d'Art de Guangdong**
10. **Croisières sur la rivière**

Pagode aux Six Banians

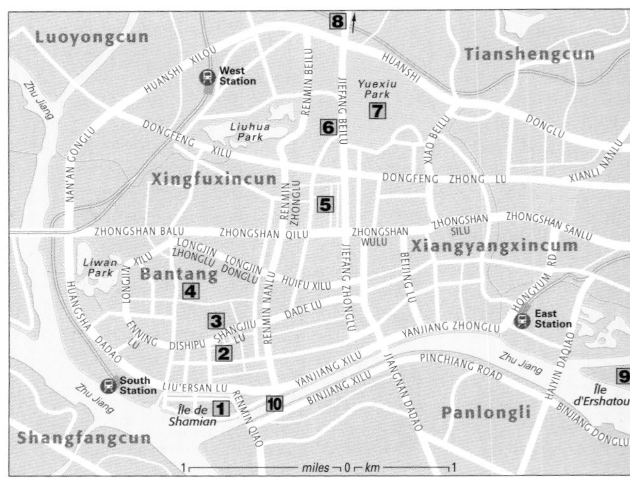

Gauche **Flânerie dans les Geis** Droite **Temple du clan Chen**

1 Île de Shamian

Au sud-ouest de Guangzhou, cette petite île fut longtemps la porte principale de la Chine, lieu unique où marchands et diplomates étaient autorisés à négocier avec l'empire. Récemment restaurée, elle est devenue un charmant havre de verdure doté de bons hôtels, de bars, de restaurants, et offrant de douces promenades au bord de l'eau.

2 Flânerie dans les Geis

La distraction la plus simple, mais aussi la plus exquise de Ghuangzhou. Flâner au gré de ces ruelles étroites prises entre les maisons anciennes et délabrées de la vieille ville, et tout particulièrement celles qui s'étirent au-dessus de l'île de Shamian jusqu'au quartier de Liwanhu, donne un parfait aperçu de la vie quotidienne locale, inchangée depuis des siècles. Découvrez la vie domestique et les petites industries locales, tels les soins de beauté, en vous faisant, par exemple, épiler les sourcils à l'aide d'un simple morceau de coton.

Marché de Jade

3 Temple de Hua Lin et marché de Jade

Autour du petit temple bouddhiste de Hua Lin, le grand marché de Jade mérite aussi une visite rapide. Cette pierre y est moins chère qu'à Hong-Kong, mais mieux vaut être un expert si l'on recherche une pièce de bonne qualité, sans pigmentation. À l'ouest de Kangwang Zhonglu, et au nord de Changshang Xilu, magasins d'antiquités et vente d'ambre et de jade. *Nord de Xiaju Lu, est de Wenc Nan Wenlu*

4 Temple du clan Chen

Ce vaste complexe, construit vers 1890 par le clan Chen grâce à des dons familiaux (Chen est le nom le plus répandu de la région et ses membres étaient nombreux) mérite le détour si vous n'avez visité aucun des manoirs ancestraux des Nouveaux Territoires.
Son joyau : la frise vernissée courant le long du toit, et ses personnages figurant des animaux légendaires. Expositions (plus ou moins réussies) d'objet en jade, en os et d'artisanat local, parfois en vente. Si vous recherchez la paix et l'ombre, allez dans ses cours arborées. *Sur la route de Foshan • Ouv. de 8h30 à 17h30 t.l.j. • Entrée payante*

Visa pour la Chine **p. 136**

Gauche **Temple des Six Banians** Droite **Parc Yuexiu**

5 Temples de la Piété filiale et des Six Banians

Temple royal dès le IIe siècle av. J.-C., le temple de la Piété filiale (Guangxiao Si) semble avoir été un lieu de pèlerinage bouddhiste dès le IVe siècle apr. J.-C. Les bâtiments que l'on peut admirer aujourd'hui datent du XVIIe siècle. Pour jouir d'un moment de paix, allez vous asseoir à l'ombre des vieux figuiers de ses cours paisibles. À proximité, Liurong Si, ou temple des Six Banians (ils sont tous morts), abrite la plus ancienne et la plus vaste pagode de Guangzhou, haute de 55 m. *Sur Hongshu Lu, près de Zhongshan Lu*

6 Tombeau de Nanyue

Ce musée bien organisé abrite le tombeau et des objets d'art de l'un des rois Yue du Sud qui régnèrent sur la région au cours des IIe et IIIe s. apr. J.-C. Bien indiqué, en chinois et en anglais, le tombeau donne un aperçu d'une société cultivée et sophistiquée. Oreillers chinois et superbes linceuls des dynasties ultérieures. *Jeifang Beilu • Ouv. de 9h à 17h t.l.j. • Entrée payante*

7 Yuexiu Parc

Vaste parc agréable où l'on peut voir une sculpture des Cinq Chèvres, symbole de Guangzhou, et un monument dédié à Sun Yat-Sen, hôte hong-kongais et père vénéré de la révolution chinoise. La tour Zhen Hai, dernier vestige des murailles de la cité du XIVe siècle, abrite le Musée municipal. *Parc de 7h à 19h • Musée de 9h à 17h t.l.j. • Entrée payante*

8 White Cloud Mountain

Un vaste espace boisé, coiffé de pics et de crêtes, pour respirer un air pur sous la caresse de brises fraîches, en dominant la ville et sa pollution.

9 Musée d'Art de Guangdong

Sans doute le plus grand musée d'Art de Chine. Art chinois ancien et contemporain. *Île Ersha • Ouv. de 9h à 17h de mar. à dim. • Entrée payante*

10 Croisières sur la rivière

Idéales pour échapper à la pollution et admirer la ville depuis la rivière. Essayez le *White Swan,* charmant vieux navire à voile.

Sculpture des Cinq Chèvres, Parc Yuexiu

Sauf indication contraire, tous les restaurants acceptent les cartes bancaires.

Restaurant Lucy's

Catégories de prix

Prix moyen pour une personne, comprenant 3 plats et une demi-bouteille de vin (ou repas équivalent), service inclus.		
	$	moins de 100 HK$
	$$	de 100 à 250 HK$
	$$$	de 250 à 450 HK$
	$$$$	de 450 à 600 HK$
	$$$$$	plus de 600 HK$

TOP 10 Bars et restaurants

1 J M Chef (aka Kiu Mei)

Pour les aventuriers, lait de grenouille ou ragoût d'insectes. Pour les autres, excellent poulet croustillant « aux trois verres de vin ». *Face à l'hôtel White Swan, île de Shamian • 8191 3018 • Pas de cartes bancaires • $$*

2 Lucy's

Une ambiance sympa, idéale pour se reposer. En revanche, la cuisine occidentale et chinoise est moyenne et les boissons relativement chères. *3 Shamian St South, île de Shamian • 8187 4106 • Pas de cartes bancaires • $$*

3 Banana Leaf

Populaire, coloré, plats thaï et du Sud-Est asiatique bons et peu chers. Jus de fruits et thés aux fruits et miel. *1er étage, Hôtel Broadcasting and Television, 8 Lu Hu Lu • 8359 1288 p. 3118 • $$*

4 Windflower Pub

Actuellement, le bar le plus coté de Guangzhou, rendez-vous du beau monde. *387 Huanshi Donglu*

5 Hill Bar

À proscrire si vous voulez du chic. Crasseux mais central et ouvert tard. Sympa pour boire une bière ou manger un morceau. *367 Huanshi Donglu • 8333 3998 • Pas de cartes bancaires • $*

6 Champs-Élysées

Pour l'atteindre, il faut gravir quatre étages, et une fois en haut, (sur)payer la déco à thème. Cela dit, la cuisine française, italienne et méditerranéenne est bonne. Essayez le menu couscous, copieux. *Huanshi Donglu • 8385 6230 • $$*

J M Chef

7 My Home Restaurant

Une institution locale pour des plats du Hunan très épicés. *19 Tao Jin Lu • 8559 2101 • Pas de cartes bancaires • $*

8 Bai Yun Yi Feng Restaurant

Si, à White Cloud Mountain, vous rêvez de *dim sum* ou de *congee* (bouillie de riz). *Près du terminus du funiculaire • 8770 6871-2322 • Pas de cartes bancaires • $*

9 White Swan Coffee Shop

Buffet international à volonté, parfait, avec de bons sushis et des fruits de mer. *Hôtel White Swan, 1 Southern St, île de Shamian • 8188 6968 • $$*

10 Xiang Cun Guan

Chic, minimaliste, cuisine du Hunan simple (essayez les ragoûts épicés). Faites-vous inscrire son nom en chinois et prenez un taxi, ou passez la journée à le chercher ! *23 Xian Lie Nanlu • 8778 9888 p. 86128 • Pas de cartes bancaires • $$*

Pages suivantes **Jardiniers dans le centre de Hong-Kong**

MODE D'EMPLOI

MODE D'EMPLOI

Gauche **Aéroport de Hong-Kong** Centre **Magasin anglais** Droite **Signalisation en anglais et chinois**

TOP 10 Préparer son voyage

1 Passeport et visa

Seul un passeport en cours de validité est exigé pour des séjours n'excédant pas trois mois. En revanche, pour la Chine – au-delà des Nouveaux Territoires – un visa est nécessaire (passeport valide six mois après la date de retour). Son délai d'obtention peut varier entre trois et dix jours ouvrables. Il est facile de l'obtenir depuis Hong-Kong auprès d'agences de voyages (délai d'obtention court et prix du visa variant selon le nombre d'entrées). Le China Travel Service délivre des visas pour la Chine pour 150HK$ (ou 300HK$ dans les 24h) ; passeport et photo d'identité sont alors requis. Possibilité de séjourner à Macao jusqu'à 20 jours sans visa – 90 jours pour les ressortissants portugais.

2 Quand partir

La période la plus propice au tourisme s'étale d'octobre à fin janvier, car les températures oscillent alors de 20 à 26° C, mais les mois de mars et avril sont meilleurs d'un point de vue climatique. En octobre et avril, les hôtels, tout comme les vols, sont souvent plus chers et complets.

3 Climat

Situé au sud du tropique du Cancer, Hong-Kong bénéficie d'un climat subtropical, avec un hiver doux (de décembre à février) au cours duquel les températures peuvent descendre jusqu'à 10° C, un printemps (mars-avril) et un automne (octobre-novembre) courts, chauds et agréables. En été (de mai à septembre), la température est d'environ 28° C, avec un taux d'humidité de 80 à 90 % et une forte probabilité que surviennent typhons et orages tropicaux.

4 Qu'emporter

Des vêtements légers, avec une petite veste pour les mois d'hiver. Prévoir un haut à manches longues : par endroits, la climatisation est polaire !

5 Langues

Les langues officielles de Hong-Kong sont le cantonais, le mandarin et l'anglais (largement parlé et compris). Aucune difficulté, donc, pour les anglophones, si ce n'est avec les chauffeurs de taxi et les habitants de zones rurales éloignées.

6 Santé

Aucun vaccin n'est exigé pour entrer à Hong-Kong, mais le vaccin de la fièvre jaune est requis pour les voyageurs venant d'un pays où elle est endémique et se rendant en Chine du Sud. Les médicaments et produits d'hygiène courants sont faciles à se procurer. Prévoir une bonne assurance médicale.

7 Monnaie

L'unité monétaire est le dollar hong-kongais (HK$), divisé en 100 cents. Les billets sont émis en coupures de 20, 50, 100, 500 et 1 000 dollars. Les pièces sont de 1, 2, 5 et 10 dollars, et de 10, 20 et 50 cents. Fixé sur le dollar US, le taux de change tourne toujours autour de 7,8 HK$ pour 1 US$.

8 Budget

Prévoyez large ; Hong-Kong peut en effet revenir très cher. Aucune limite sur le montant du change *(p. 142)*.

9 Prix locaux

Hong-Kong n'est plus le paradis du shopping. De nombreuses marques sont aussi chères, voire plus, qu'en Occident. En revanche, beaucoup de bonnes affaires sur les marchés *(p. 38-39)* et dans les magasins d'usine *(p. 76-106)*.

10 Permis de conduire

Pour conduire et louer un véhicule, permis international obligatoire.

Carnet d'adresses

China Travel Service
77 Queens Rd Central
• 2522 0450

Gauche **Train de l'aéroport** Centre **Aéroport de Macao** Droite **Ferry commercial**

TOP 10 Arriver à Hong-Kong

1 Vols directs

Plaque tournante et porte de la Chine, Hong-Kong est extrêmement bien desservie et il existe de nombreux vols directs, notamment depuis la France et le Canada, sur plusieurs compagnies (Air France, Cathay Pacific, Air China).

2 Vols avec escales

Les possibilités d'escales sont nombreuses. Singapour, Kuala Lumpur et Bangkok (en arrivant par l'ouest), Séoul et Taipei (par l'est) constituent des étapes intéressantes et peu onéreuses. Qu'elles soient effectuées à l'aller ou au retour, ces escales sont généralement gratuites. Offres spéciales dans certaines compagnies.

3 Réservation vols + hôtels

Certains forfaits vols + hôtels peuvent être intéressants. Consultez les sites internet des agences de voyages. (carnet d'adresses)

4 Les vols les moins chers

Pour se rendre à Hong-Kong, la période la moins chère se situe entre novembre et mi-décembre, et en janvier, après le nouvel an chinois. Pour des affaires de dernière minute, consultez des sites comme www.last-minute.com, www.anyway.com qui offrent d'excellents prix et la disponibilité des vols en temps réel ; regardez aussi les enchères de Nouvelles Frontières. L'été, ou entre Noël et le nouvel an chinois, époque à laquelle beaucoup de locaux se déplacent, les bonnes affaires sont rares.

5 Vols depuis le Sud-Est asiatique

Si vous voyagez en Asie du Sud-Est avant de vous rendre à Hong-Kong, sachez qu'il est possible d'acheter des billets à prix très avantageux à Bangkok, Kuala Lumpur et Singapour.

6 Information à l'aéroport

Un office de tourisme se trouve dans la salle de transit du T2 et les halls d'arrivée A et B. Ces derniers disposent également d'un bureau d'information hôtelière.

7 Voyage au long cours

Le summum de l'aventure, pour ceux qui ont du temps et de l'argent, est d'emprunter le transsibérien. Parti d'Europe, vous arriverez à Hong-Kong après avoir traversé la Mongolie ou la Mandchourie avec changement à Pékin. (carnet d'adresses : Intourfrance et Transtours).

8 Trains au départ de la Chine

Trains quotidiens depuis Guangzhou ; en alternance, un jour sur deux, trains couchettes pour Pékin et Shanghai. Les couchettes « molles » sont luxueuses, moins fréquentées, mais elles peuvent coûter aussi chère que l'avion.

9 Par la mer

Il existe des liaisons rapides et régulières par ferry pour Hong-Kong depuis Guangzhou et Macao. Compter deux à trois heures de trajet depuis Guangzhou, une à deux heures depuis Macao.

10 Par la route

Nombreuses liaisons quotidiennes en bus entre Guangzhou et Hong-Kong.

Carnet d'adresses

Sites internet
www.anyway.com
www.nouvellesfrontières.com
www.look-voyages.com
www.govoyages.com
www.lastminute.com
www.maisondelachine.fr
www.asia.fr

Intourfrance
5, rue Meyerbeer 75009 Paris • 01 47 42 47 40

Transtours
49, av. de l'Opéra 75002 Paris • 01 44 58 26 00

Information aéroport
Bureaux d'information, 2807 6543 de 7h à 23h t.l.j. • www.hkairport.com • Bureau de réservation d'hôtel de 6h à 13h t.l.j.

Gauche **Logo du MTR** Centre **Taxi** Droite **Tramway**

Top 10 Se déplacer à Hong-Kong

1 Transfert depuis l'aéroport

Les superbes trains modernes du KCR rejoignent Central en 23 minutes (départs quotidiens, toutes les 10 minutes, entre 6 h et 1 h 30). À défaut, prenez un taxi (ils sont nombreux) ou – solution la plus économique – le bus E11 qui relie Central, Wanchai et Causeway Bay en une heure.

2 Cartes Octopus

Si vous comptez vous déplacer souvent à Hong-Kong, procurez-vous la carte forfaitaire Octopus. Elle s'achète au HKTB, à l'aéroport et dans les gares KCR. Valable dans la plupart des bus, trains, ferries et trams jusqu'à épuisement de son crédit.

3 Les MTR et KCR

L'excellent MTR (Mass Transport Railway), équivalent du métro, est propre, bon marché et climatisé. Ses cinq lignes souterraines relient Hong-Kong, Kowloon, les Nouveaux Territoires et Lantau entre 6 h et 1 h 30. La ligne de train KCR (Kowloon-Canton Railway), entre Kowloon et les Nouveaux Territoires, fonctionne de 5 h 30 à 1h.

4 Bus

Des bus fréquents et bon marché desservent toute la ville. Plans disponibles dans les bureaux du HKTA. Dans les plus grands hôtels, navettes gratuites à destination des gares KCR de Kowloon et de Central.

5 Taxis

Rouges à Kowloon et à Hong-Kong, verts dans les Nouveaux Territoires, bleus à Lantau, ils pratiquent des tarifs raisonnables, avec un supplément si l'on emprunte les tunnels à péage, si l'on a des bagages ou pour une course nocturne. Pourboire non attendu mais apprécié. Attention, peu de chauffeurs parlent anglais.

6 Ferries

Liaisons entre l'île de Hong-Kong, les îles éloignées de l'archipel, Macao et la Chine. Les Star Ferries *(p. 14-15)* font la navette entre Hong-Kong et Tsim Sha Tsui, sur Kowloon, de 6 h 30 à 23 h 30. Le quai d'embarquement pour les îles se trouve à proximité de la jetée du Star Ferry à Central.

7 Tramways

Les anciens tramways en bois à impériale qui circulent d'ouest en est, de Kennedy Town à Chai Wan, sont lents, parfois bondés mais d'un pittoresque absolu. La façon la plus typique de parcourir la ville à des tarifs très raisonnables. Le légendaire Peak Tram *(p. 9)* part de Garden Road.

8 À pied

La marche reste le meilleur moyen d'explorer le centre de Hong-Kong, ses parcs, les quartiers de Western, Mid-Levels, Wan Chai et la plus grande partie de Kowloon. Si les pentes sont parfois rudes, les distances sont courtes. En revanche, il peut être pénible de se déplacer à pied dans certains coins de Central et Admiralty, où s'entremêlent passages piétons et souterrains.

9 À bicyclette

À éviter en ville (embouteillages et pollution). En revanche, vous pouvez louer un vélo pour parcourir certains sentiers ruraux accidentés. Contactez la Hong Kong Cycling Association.

10 Conduite et location de voitures

Inutile à Hong-Kong pour cause de stationnement impossible et de circulation démente. Pour les irréductibles, permis de conduire international obligatoire.

Carnet d'adresses

Hong Kong Cycling Association
2573 3861

Location de voitures
- *Avis 2890 6988*
- *Hertz 2525 2838*
- *Trinity 2563 6117*

Gauche **Cartes Octopus** Centre **Logo du Tourist Information** Droite **Bureau du HKTB**

Top 10 Informations

1 HKTB

Des bureaux fort bien situés. Le Hong Kong Tourists Board (HKTB) offre brochures et conseils, dispose d'un site internet et d'une ligne ouverte en plusieurs langues.

2 Sites internet

Le site du HKTB (carnet d'adresses) constitue un bon point de départ, avec le www.scmp.com du South China Morning Post et www.totallyhk.com. Service de renseignements sur www.hkt.com.

3 Journaux

Le quotidien *South China Morning Post* couvre les nouvelles locales, chinoises et internationales. Le tabloïd *Hong Kong i-mail* est moins pointu et plus audacieux, voire irrévérencieux.

4 Magazines locaux

Le *HK Magazine* offre chaque semaine des conseils et adresses (sorties, restaurants, bars). Le bimensuel *BC Magazine* est plus axé sur les boîtes de nuit. Gratuits et disponibles dans les bars et restaurants.

5 Radio et TV en langue anglaise

ATV World et TVB Pearl sont les deux chaînes hertziennes de langue anglaise ; RTHK est une radio indépendante financée par le service public. Sur RTHK 3 (567 AM, 1584 AM), informations et programmes sur la finance et l'actualité. Sur RTHK 4 (96.7-98.9 FM), musique occidentale et chinoise classique, sur RTHK 6 (675 AM), BBC World Service.

6 Livres et cartes

Le HKTB propose des plans gratuits de Hong-Kong et des dépliants en plusieurs langues dont *A Guide to Quality Merchants, Hong Kong Access Guide* pour les handicapés et *Exploring Hong Kong's Countryside*. Dans les Government Publications Centres, bonnes cartes de la collection Countryside.

7 Information pour hommes d'affaires

Renseignements utiles auprès du Hong Kong Trade Development Council (www.tdc.org.hk).

8 Les faits et les chiffres

Sur www.info.gov.hk, qui dispose de liens avec tous les départements du gouvernement, bonne approche du fonctionnement du pays. Sur le site de la CIA, statistiques sur Hong-Kong et la Chine (www.cia.gov/cia/publications/factbook/index.html).

9 Météo et qualité de l'air

Météo du jour et prévisions à 3 jours sur la ligne ouverte et le site internet du Hong Kong Observatory. Météo et qualité de l'air sur le site du Weather Underground, www.underground.org.hk, et du *South China Morning Post*, http://weather.scmp.com.

10 Livres de route

Hong-Kong, de Philippe Le Corre : une étude et un portrait fascinants de l'île juste avant la rétrocession. *Hong-Kong Éternelle*, de B. Braux et T. Renaud : tourisme et tradition aux portes de la Chine. Une approche culturelle et historique avec *Hong-Kong rendez-vous chinois*, de M. Hadas-Lebel.

Carnet d'adresses

Site du HKTB
www.discoverhongkong.com

Bureaux du HKTB
Halls A/B de l'aéroport et Zone A2 • Tsim Sha Tsui, terminal des Star Ferries, Kowloon, de 8h à 18h t.l.j. • Rdc, le Centre, 99 Queen's Rd, Central • De 8h à 18h t.l.j.

Hotline de HKTA
2508 1234

Government Publications Centres
Rdc, 66 Queensway, 2537 1910 • 382 Nathan Rd, Kowloon, 2780 0981

HK Observatory
2926 8200 • www.weather.gov.hk

Gauche **Rue animée à Central** Centre **Enseignes de bars topless** Droite **Bus**

TOP 10 À éviter

1 Conduire dans Central à Hong-Kong et Kowloon

La circulation y est démente. Marchez ou utilisez un autre moyen de transport.

2 Acheter des contrefaçons

La législation française est très sévère en matière de contrefaçon, considérée comme un délit de contrebande. Sachez qu'il peut vous en coûter, outre la saisie de la marchandise, une amende allant jusqu'à 2 fois la valeur de l'original contrefait (quand on connaît les prix des articles Vuitton ou Gucci...) et même des peines d'emprisonnement.

3 Le Peak un dimanche

Le week-end, et notamment le dimanche, les queues s'allongent pour le Peak Tram, et le site tout entier est pris d'assaut. Évitez aussi les jours nuageux, pour ne pas rater les vues spectaculaires.

4 Manger ou boire dans le MTR

Les rues et ports sont parfois jonchés de détritus mais le métro est un modèle de propreté ! Pas question d'y boire ou d'y manger.

5 Bars d'hôtesses de Wanchai ou Tsim Sha Tsui

Réservés à ceux qui veulent payer des suppléments surprise sur des boissons déjà hors de prix. Encore prisés par les marins US en permission.

6 Détention de drogue

Arrestation assurée pour tout détenteur de produits illicites (à Hong-Kong, la loi ne fait aucune différence entre les divers types de drogues). Contrôles et descentes de police ponctuelles dans certains quartiers comme Lan Kwai Fong.

7 Quartiers inconnus la nuit

Hong-Kong est relativement sûre, mais n'allez pas tenter le diable en vous risquant la nuit dans les quartiers surpeuplés ou les rues désertes. Préférez le taxi à la marche à pied.

8 Quartiers engorgés

Les jours de *smog*, dans des quartiers comme Causeway Bay ou Central, la pollution se voit, se sent, se respire. Si l'indice de pollution dépasse la barre du 100, fuyez la ville pour la campagne ou pour les îles.

9 Prendre un bus sans monnaie

On ne rend pas la monnaie dans les bus. Faites l'appoint, procurez-vous une carte Octopus *(p. 138)* ou acceptez de perdre ce que l'on vous doit.

10 Laisser ses bagages sans surveillance

Ceux qui résident dans des endroits comme les Chungking Mansions *(p. 152)* ont tout intérêt à bien surveiller leurs affaires. Vols éventuels en perspective.

Carnet d'adresses

Urgences générales
999

Hotline du crime
2527 7177

Hospital Authority Enquiry Service
2300 6555 • www.ha.org.hk

Adventist Hospital
40 Stubbs Rd, Happy Valley, île de Hong-Kong • 2835 0566

Caritas Medical Centre
111 Wing Hong St, Sham Shui Po • 2746 7911

Matilda Hospital
41 Mount Kellett Rd, le Peak, île de Hong-Kong • 2849 1500

Queen Mary Hospital
102 Pok Fu Lam Rd, île de Hong-Kong • 2855 3111

Cartes bancaires perdues ou volées
Amex 2811 6122 • Mastercard 800 966 677 (n° vert) • Visa 800 967 025

Gauche **Scène de rue** Centre **Randonnée, sentier Wilson** Droite **Pharmacie traditionnelle**

TOP 10 Santé et sécurité

1 Hotlines pour étrangers
Lignes d'urgence et d'information efficaces, avec des interlocuteurs parlant des langues étrangères, surtout l'anglais.

2 Eau et précautions alimentaires
L'eau est potable. Lavez les fruits et les légumes à l'eau fraîche, et si vous avez une santé fragile, évitez la consommation de fruits de mer locaux (pollution et maladies). Beaucoup de restaurants servent des poissons « étrangers ».

3 Pollution de l'air
Malgré l'utilisation de carburants moins polluants qui améliore la qualité de l'air, l'indice de pollution dépasse encore parfois la barre fatidique du 100 (si vous avez des problèmes respiratoires, restez caché). Mises à jour régulières de l'information sur http://weather.scmp.com.

4 Pollution de l'eau et dangers de la baignade
Progrès lents dans le traitement des eaux souillées (par les égouts et les rivières chinoises polluées). Il y a de belles plages (la plupart sont entretenues par le gouvernement), mais la qualité de l'eau reste variable. Des algues toxiques rendent parfois la natation dangereuse. Préférez les plages surveillées et équipées de filets anti-requin. À défaut, évitez les bains à l'aube ou au crépuscule, dans une eau sale et avec des blessures ouvertes.

5 Précautions
Si les touristes sont rarement la cible de vols ou de crimes, il est conseillé de prendre les précautions d'usage : garder près de soi ses biens personnels, utiliser les coffres des hôtels et ne pas laisser des biens précieux ou importants dans son sac.

6 Autres précautions
Pour les longs séjours, faire enregistrer son passeport auprès de son ambassade pour faciliter son remplacement en cas de perte ou de vol. Prévoir une assurance de voyage complémentaire si l'on se déplace avec des biens de valeur.

7 Contre l'humidité et la chaleur
Il est vital de s'hydrater, à tout moment et en particulier pendant les mois d'été étouffants et humides. Buvez beaucoup ; portez des vêtement légers en coton ; pensez à emporter un chapeau ou, à défaut, un parapluie que vous utiliserez en guise d'ombrelle. Enfin, si la chaleur vous incommode réellement, limitez vos activités pendant les heures les plus chaudes et allez respirer sur la côte ou à Victoria Peak.

8 Qu'emporter en randonnée
Attention à la transpiration et à la déshydratation. Emportez beaucoup d'eau, une bonne carte, votre téléphone portable et de la monnaie pour les transports. Vêtements et chaussures adaptés sont indispensables sur les sentiers de randonnée, et les mouchoirs en papier utiles dans certaines toilettes « rustiques ». Pensez aux vêtements imperméables en hiver.

9 Hôpitaux et urgences
Le Caritas Medical Centre et le Queen Mary Hospital disposent tous deux d'un service d'urgence ouvert 24h/24.

10 Médecins et dentistes
L'Adventist Hospital et le Matilda Hospital, privés, disposent d'un personnel bilingue (cantonais/anglais), de services de consultations externes pour les femmes et les voyageurs, d'une maternité et d'une clinique dentaire. Consultez l'annuaire pour connaître les médecins et dentistes parlant une langue étrangère.

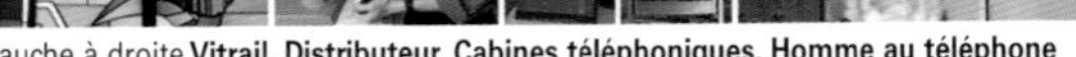

De gauche à droite **Vitrail. Distributeur. Cabines téléphoniques. Homme au téléphone**

Banques et communications

1 Banques, ATM et cartes bancaires

Nombreux distributeurs automatiques (24h/24) et banques (ouvertes de 9 h à 16 h 30 du lundi au vendredi, et de 9 h à 12 h 30 le samedi). Cartes bancaires largement acceptées.

2 Change et transfert d'argent

Il existe de nombreux bureaux de change, mais les meilleurs taux restent ceux des banques. L'autre solution consiste à tirer de l'argent dans un distributeur, plus avantageux que le change ou le chèque de voyage. Transfert d'argent dans les banques locales ou chez Western Union.

3 Poste

Elle est rapide et efficace. Pour un courrier local, comptez un à deux jours ; pour la zone 1 par avion (toute l'Asie sauf le Japon), trois à cinq jours ; pour la zone 2 (reste du monde), cinq à sept jours. Service de poste restante à la General Post Office de Hong-Kong.

4 Téléphones

Beaucoup d'hôtels et de magasins mettent des téléphones gratuits à disposition de leur clientèle pour les appels locaux. Un appel en cabine publique à pièce coûte au minimum 1 HK$. Certaines acceptent les cartes bancaires et disposent de services Internet. Cartes téléphoniques en vente dans de nombreux magasins et distributeurs, sur les quais du Star Ferry et à l'HKTB *(p. 139).*

5 Appeler Hong-Kong

Le code international de Hong-Kong est le 852.

6 Téléphone portable

Hong-Kong est équipé d'un réseau GSM. Les téléphones bi-bandes fonctionnent si vous avez fait le nécessaire auprès de votre opérateur. Location de portables à la semaine dans les boutiques de Pacific Century CyberWorks (PCCW). Services WAP, mais quelques défaillances.

7 Accès internet local

L'accès au net est généralisé, pratique et peu coûteux, voire souvent gratuit *(p. 143).* La plus grande partie de Hong-Kong est équipée d'un système haut débit, notamment les grands hôtels qui, pour la plupart, disposent de connections dans leurs chambres.

8 Hong Kong Central Library

Il est possible d'aller consulter gratuitement des centaines de magazines et de journaux du monde entier à la nouvelle bibliothèque rutilante de Causeway Bay. Accès à l'internet rapide et gratuit (réservation par tranche d'une heure). Café sympa avec tables à l'extérieur.

9 Fax

L'envoi de fax depuis les business centre et les boutiques est simple mais coûteux. Plus économique à l'hôtel, qui peut aussi les recevoir.

10 Équipements pour hommes d'affaires

Équipements et services très au point. Consultez l'annuaire. Possibilité de faire imprimer des cartes de visite sur Man Wa Lane, à Sheung Wan, et sur Des Vœux Road West. Faites traduire le texte en chinois au dos de la carte.

Carnet d'adresses

Appels en PCV
10010

Renseignements
1081

General Post Office
2 Connaught Place, île de Hong-Kong • 2921 2222

HKT location de téléphones
2883 3938

Bibliothèque
66 Causeway Bay Rd, île de Hong-Kong • 2921 0208

Western Union
Star Ferry 2316 2608

United Centre
95 Queensway, île de Hong-Kong • 2528 5631

Gauche **Temple** Centre **Vendeur d'en-cas bon marché** Droite **Tai-chi**

TOP 10 Hong-Kong pour budgets limités

1 Repas bon marché
Profusion d'échoppes et de restaurants chinois à trois sous. Bon prix également dans les chaînes de fast-foods. À l'heure du déjeuner, outre les nombreux buffets à volonté, essayez les restaurants indiens des Chungking Mansions *(p. 87)*.

2 Soirées économiques
Avant la ruée du soir, la plupart des bars pratiquent le *happy hour* ; certaines nuits, boissons gratuites pour les femmes. Les soirs de courses, plongez-vous dans l'ambiance frénétique de l'hippodrome de Happy Valley en savourant une bière *(p. 12-13)*.

3 Journées économiques
Le choix ne manque pas : parcourez les sentiers sauvages de Hong-Kong (p. 46-47), le Dragon's Back pour aller à Shek O *(p. 74)*, ou flânez sur le marché de Stanley *(p. 16)*. Tout cela pour le prix d'un ticket de bus et d'un déjeuner bon marché... à digérer sur la plage le temps d'une sieste !

4 Gratte-ciel, musées et galeries gratuits
Pour une vue vertigineuse depuis les immeubles les plus hauts du monde, montez au 47e étage de la Bank of China, à Central *(p. 42)* et au 46e étage du Central Palace, à Wanchai *(p. 43)*. Les galeries d'art et les musées sont étonnamment bon marché ; entrée gratuite un jour par semaine dans tous les musées, tous les jours dans certains.

5 Parcs et jardins gratuits
Allez faire un tour au Hong Kong Park *(p. 59)*, avec la magnifique volière Edward Youde et les Jardins botanique et zoologique *(p. 54)*. Entrée gratuite sur tous les sites, qui méritent une visite à l'unanimité.

6 Cours gratuits de tai chi
Les mardi et mercredi matin à 8 h, cours gratuits de *tai chi*, art martial traditionnel aux mouvements lents et gracieux, au pied de la Clocktower, à Tsim Sha Tsui *(p. 33)*.

7 Temples
Les nombreux temples de Hong-Kong sont gratuits (mais tout don est le bienvenu). Visitez le temple Man Mo, sur Hollywood Road *(p. 61)*, le temple de Tin Hau sur Nathan Road, à Yau Ma Tei *(p. 89)*, et le temple de Wong Tai Sin, à l'est de Kowloon *(p. 95)*.

8 Appels gratuits et accès internet
Les appels locaux sont généralement gratuits, depuis certains hôtels et magasins. Au Convention Centre Business Centre et à la bibliothèque principale de Causeway Bay, l'accès au Net est rapide et gratuit.

9 Événements culturels gratuits
Pour assister à des concerts gratuits, rendez-vous au foyer du Cultural Centre de Hong-Kong *(p. 82)* le jeudi à midi, et certains samedis. Le week-end, le Fringe Club *(p. 64)* propose parfois des concerts *live*, gratuits, de groupes locaux ou extérieurs. Au Hong Kong Art Centre, à Tsim Sha Tsui, expositions régulières et gratuites d'œuvres d'artistes et de photographes locaux.

10 Hébergement à prix modique
Pour un logement central, bon marché mais parfois... immonde, les Chungking Mansions et leurs petites sœurs, les Mirador Mansions, sur Nathan Road à Tsim Sha Tsui, sont parfaits ! Ceux qui recherchent la gamme supérieure iront au YMCA et à la Youth Hostel Association *(p. 146, 151 et 152)*.

Carnet d'adresses

YMCA
2268 7888

Youth Hostel Association
2788 1638

Gauche **Cordonnier** Centre **Landmark Centre** Droite **Masque souvenir d'opéra**

TOP 10 Comment acheter

1 Horaires d'ouverture

La plupart des magasins ouvrent tous les jours, généralement de 10 h 30 à 18 h 30, sauf dans les quartiers commerçants animés où ils ne ferment jamais avant 21 h 30, voire au-delà.

2 Taxes

Taxe de consommation de 3 % envisagée ; à ce jour, seuls les voitures, les produits de beauté, les alcools et les cigarettes sont taxés.

3 Quand marchander

Il est souvent intéressant de marchander dans les petits magasins, notamment les boutiques de matériel informatique et électronique. Ne pas hésiter à négocier sur les ordinateurs ou les antiquités. Sur les marchés, marchandage obligatoire sur les souvenirs, antiquités et cadeaux.

4 Symbole QTS

Ce « Q » en or avec un trait noir signifie que la boutique a été agréée par le Hong Kong Productivity Council Audit. Signe de qualité du commerce, de ses services, de son environnement et de sa connaissance du produit.

5 Où trouver des grandes tailles

Certains Occidentaux, notamment les femmes, trouvent trop justes les chaussures fabriquées pour le marché asiatique. N'hésitez pas à demander si votre pointure est en réserve. Vous rencontrerez moins de problèmes sur les vêtements. Bonne sélection de tailles dans les magasins Marks and Spencer.

6 Trouver un tailleur

Des dizaines de tailleurs peuvent réaliser un costume sur mesure en 48 heures ; mais qui dit très bon prix dit généralement tissu de moins bonne qualité et travail bâclé. Pour être sûr du résultat, choisissez un tailleur connu (Sam the Tailor ou A-Man Hing Cheong, du Mandarin Hotel). Pour les *cheong sams* sur mesure, allez chez Shanghai Tang.

7 Shopping bon marché

Faites un tour sur les marchés de Lai Chi Kok et Sham Shui Po, chez Giordano et Bossini, deux chaînes omniprésentes qui proposent des articles style Gap, d'un bon rapport qualité/prix. Pour les articles de créateurs, fortes remises au 4e, 5e et 6e étages du Pedder Building *(p. 63)* à Central, et au magasin d'usine de Joyce, sur Ap Lei Chau *(p. 76)*.

8 Passer la frontière

Procurez-vous un visa pour la Chine *(p. 136)* et allez à Shenzhen *(p. 126, 129)*, royaume du vêtement bon marché. Si vous êtes prêts à discuter âprement les prix pour chaque article et à vous livrer à des débauches d'achats, votre voyage sera amorti.

9 Contrefaçons

Contrefaçons de grande marque, montres ou vêtements, fleurissent sur tous les marchés hong-kongais et notamment à Shenzhen. À n'acheter sous aucun prétexte.

10 Évitez les arnaques

Lors de l'achat d'appareil photo, d'ordinateur ou tout autre article électronique, surtout dans les boutiques de Tsim Sha Tsui, demandez s'il y a bien une garantie, si elle est valable à l'étranger et si les accessoires indispensables sont inclus dans le prix.

Carnet d'adresses

A-Ming Hing Cheong
Mandarin Oriental, 5 Connaught Rd, Central. île de Hong-Kong • 2522 3336

Sam the Tailor
94 Nathan Rd, Tsim Sha Tsui • 2367 9423

Shangai Tang
12 Pedder St, Central, île de Hong-Kong • 2525 7333

Gauche **Happy Valley** Droite **Pont suspendu de Tsing Ma**

Top 10 Excursions

1 Excursions en car de l'HKTB

L'Heritage Tour propose une excursion de 5 heures avec aperçu des temples, manoirs ancestraux et villages fortifiés ; le Land Between Tour (quotidien), une visite des marchés ruraux, des villages de pêcheurs et du plus haut sommet de Hong-Kong. Réservation : HKTB.

2 À la rencontre des Hong-Kongais

Excursions et conférences gratuites, avec des spécialistes de la culture locale, de la médecine traditionnelle chinoise et du *feng shui*, pour une excellente approche de la culture traditionnelle chinoise et hong-kongaise. Conférences quotidiennes sur des sujets différents. Consultez le HKTB.

3 Promenade en solitaire

À deux pas des gratte-ciel de Central, le Western Walking Tour ouvre les portes d'un univers de boutiques de poissons séchés, d'herboristeries et de temples. À faire seul, muni d'une brochure disponible au HKTB. Le sentier éloigné du Lung Yuek Heritage permet de découvrir d'élégants manoirs et de minuscules villages fortifiés encore habités, lors d'une promenade fascinante depuis le temple de Fung Ying Sin Koon.

4 Observer les dauphins

Une excursion de 4 heures, le long des côtes de Lantau, pour apercevoir des dauphins roses. Si vous n'en voyez pas, le retour sera gratuit !

5 Musées et galeries

Pour visiter les musées et galeries de Hong-Kong, le plus simple est d'utiliser la navette qui circule entre les musées d'Art, des Sciences, de l'Espace et d'Histoire de Tsim Sha Tsui, et l'impressionnant et récent Heritage Museum de Sha Tin. Il existe un passe d'une semaine incluant le transport (navette mercredi, vendredi et dimanche de 10h à 18h) et l'entrée illimitée dans tous les musées (HKTB).

6 Visite du port

Bon choix de croisières pour contempler, de nuit comme de jour, le panorama de Central depuis le port, ou passer sous le pont suspendu de Tsing Ma. Consultez le HKTB.

7 Courses de chevaux

Sentir la terre trembler au rythme sourd des sabots sous les hurlements de la foule est un grand moment de la nuit hong-kongaise. Excursions organisées par Splendid Tours les soirs de courses *(p.12-13 et 101)*.

8 Balades locales

La rubrique hebdomadaire « Detours » de l'historien local Jason Wordies, et « Explore » du *Sunday Morning Post Magazine* sont une bonne source d'inspiration et d'informations sur les sites cachés de Hong-Kong.

9 Location de jonques

L'argent n'est pas un problème ? Louez une jonque pour partir à la découverte des îles et des plages isolées. Adresses dans l'annuaire.

10 Tour d'hélicoptère

Splendid Tour *(p. 12-13)* propose une excursion de 6 heures pour découvrir les panoramas les plus saisissants de Hong-Kong : 12 minutes d'hélico, déjeuner dans le port d'Aberdeen et visite de Stanley ; Scenic Hong Kong Panorama offre une croisière vers Sai Kung avec hélicoptère et déjeuner.

Carnet d'adresses

Excursions HKTB
Ligne de réservation, de 7h à 21h t.l.j.
• 2368 7112

Hong Kong Dolphinwatch
2984 1414

Scenic Hong Kong Panorama
2108 4838

Gauche **YMCA** Centre **Serveur, Peninsula** Droite **Hall du Island Shangri-La**

TOP 10 Hébergement

1 Comment réserver

Il est souvent plus avantageux de passer par une agence ou le HKTB que de se présenter soi-même dans un hôtel. Services de réservation sur de nombreux sites internet *(p. 137)*. Informations auprès de la Hong Kong Hotel Association.

2 Haute saison

En octobre et avril, période des salons, les prix ont tendance à grimper et les hôtels à se remplir. Si possible, évitez ces deux mois, ou effectuez vos réservations longtemps à l'avance.

3 Prestations incluses

L'utilisation des salles de gym et des piscines est généralement incluse dans le prix de la chambre, mais pas le petit déjeuner, sauf dans les hôtels de standing. Dans tous les hôtels (sauf les moins chers), une taxe de 3 % et 10 % de service sont facturés en plus ; enfin, si les appels locaux sont gratuits dans les cabines publiques, ils ne le sont pas depuis toutes les chambres d'hôtel.

4 Hébergement bon marché

N'ayez pas peur du nom, le YMCA de Tsim Sha Tsui *(p. 151)* est bien équipé et offre des vues fantastiques ; vous pouvez aussi essayer la Anne Black Guest House (2 étoiles), près de Temple Street à Kowloon *(autres adresses p. 151-152)*.

5 Arrivées tardives

De 6 h à 1 h du matin, les bureaux d'informations des halls d'arrivée A et B de l'aéroport vous accueillent. Les cœurs bien accrochés peuvent se risquer dans les Chungking et Mirador Mansions de Nathan Road *(p. 152)*.

6 Sites internet

Les sites proposés dans le carnet d'adresses pour les réservations sont simples d'utilisation. Offres et réductions jusqu'à 60 %.

7 Voyage en solo

À la Anne Black Guest House, plusieurs chambres simples, propres et bon marché. Les budgets plus limités peuvent tenter les pensions moins séduisantes (mais deux fois moins chères) des Chungking Mansions *(p. 152)*.

8 Familles

Service de baby-sitting dans la plupart des grands hôtels. Au YMCA *(p. 151)*, quelques suites à très bon prix.

9 Prix long séjour

Nombre d'hôtels offrent des réductions très intéressantes pour des séjours d'un mois ou plus. Pour les longs séjours, il peut être plus avantageux de louer un appartement *(ci-dessous)*. Très bonnes offres mensuelles au Wesley, à Wan Chai.

10 Apart-hôtels

Le TransAsia Group propose des appartements-hôtels à Central. Ceux qui veulent fuir la ville trouveront sur l'île verdoyante et sans gratte-ciel de Lamma de petits appartements simples, proches des plages, bars et restaurants.

Carnet d'adresses

Hong Kong Hotel Association
Information 2383 8380 • Réservation 2769 8822

Anne Black Guest House
2713 9211

Sites internet
www.asia-hotels.co • www.hongkongnet.net • www.hotelstravel.com /hongkong.html • www.last-minute.com • www.traveller.com

TransAsia Group
2522 3082 • www.transasiagroup.com

YMCA
41 Salisbury Rd, Tsim Sha Tsui • 2369 2211

Wesley
22 Hennessy Rd, Wan Chai • 2866 6688

Catégories de prix

Prix moyen par nuit pour une chambre double standard (avec petit déjeuner s'il est inclus), taxes et service compris.

$	moins de 500 HK$
$$	de 500 à 1 000 HK$
$$$	de 1 000 à 2 000 HK$
$$$$	de 2 000 à 2 500 HK$
$$$$$	plus de 2 500 HK$

Gauche **Bar du Shangri-La** Droite **Le Mandarin Oriental**

Top 10 Palaces

1 Peninsula
Une institution. Le bâtiment néo-classique du Peninsula domine le port de Victoria depuis 1928. Luxe raffiné, service excellent et personnel chaleureux *(p. 81).* ✆ *Salisbury Rd, Kowloon • Plan N4 • 2920 2888 • www.peninsula.com • $$$$$*

2 Mandarin Oriental HK
Une adresse adorée des personnalités royales, politiques, des stars et des hommes d'affaires. Idéalement situé dans Central, il est réputé pour son excellence et son opulence désuète. Hall en marbre noir et or, concierges et grooms en redingote, chambres élégantes dotées de balcons dominant l e port et la frénésie de Connaught Road. ✆ *5 Connaught Rd, Central • Plan L5 • 2522 0111 • www.mandarinoriental.com • $$$$$*

3 Hôtel Intercontinental, Hong-Kong
Ex-Regent, chouchou des riches et célèbres. Superbe et moderne, l'Intercontinental compte régulièrement parmi les meilleurs hôtels d'Asie. Vues sublimes sur le port depuis ses chambres immenses et raffinées. ✆ *18 Sallisbury Rd, Kowloon • Plan N4 • 2721 1211 • www.interconti.com • $$$$$*

4 Island Shangri-La
Un vaste hall, des chandeliers immenses et un *atrium* décoré d'un incroyable paysage en soie, prélude aux plus grandes chambres de la ville. Vues spectaculaires sur le Peak et le port. ✆ *Pacific Place, Central • Plan M6 • 2877 3838 • www.shangri-la.com • $$$$$*

5 Conrad
Comparés aux gigantesques fleurs et aux insectes des fresques du hall, les clients paraissent minuscules. Au-delà du 40e étage, grandes chambres luxueuses avec vue grandiose sur le port et le Peak. ✆ *Pacific Place, Central • Plan M6 • 2521 3838 • www.conrad.com.hk • $$$$$*

6 Grand Hyatt
Près du Convention Centre, c'est le seul lieu de Wanchai où l'on peut jouir d'un luxe effréné. Parmi ses clients mondialement célèbres, l'ancien président des États-Unis, Bill Clinton. Chambres rénovées, modernes, dotées de tous les derniers gadgets high-tech. ✆ *1 Harbour Rd, Wan Chai • Plan N5 • 2588 1234 • www.hongkong hyatt.com • $$$$$*

7 Rizt-Carlton
Plus petit et intime que nombre de ses concurrents, un hôtel élégant et luxueux, couvert de chintz. Service chaleureux. ✆ *3 Connaught Rd, Central • Plan L5 • 2877 6666 • www.ritzcarlton.com • $$$$$*

8 Mandarin Oriental, Macao
Sans doute le meilleur hôtel de Macao. Une situation (à côté du terminal des ferries) compensée par le service et les prestations. Le luxe à un prix abordable, comparé aux tarifs en vigueur à Hong-Kong. ✆ *956 1110 Avenida da Amizade, Macao • 567 888 • www.mandarinoriental.com • $$$*

9 Shangri-La, Kowloon
S'il n'atteint pas la qualité de son homologue de Hong-Kong, le Shangri-La de Kowloon offre du luxe à un prix bien inférieur. Avec le tarif Club Horizon, maître d'hôtel et accès au salon du club. ✆ *64 Mody Rd, Kowloon • Plan P3 • 2721 2111 • www.shangri-la.com • $$$$$*

10 Great Eagle
Il règne ici une opulence contenue. Parmi les prestations, sauna, piscine, salle de gym et d'excellents restaurants, dont l'impressionnant Cantonese T'ang Court aux allures de tente mongole. ✆ *8 Peking Rd, Tsim Sha Tsui, Kowloon • Plan M3 • 2375 1133 • www.gehotel.com • $$$$*

Sauf indication contraire, tous les hôtels acceptent les cartes bancaires et disposent de chambres avec baignoire et climatisation.

Gauche **Holiday Inn Golden Mile** Centre **Sheraton** Droite **Regal Airport Hotel**

TOP 10 Hôtels de luxe

1 Lisboa

Une façade audacieuse (de mauvais goût selon certains) et plus de 900 chambres spacieuses aux jolis couvre-lits brodés et dotées de belles vues. Dégoulinant de marbre et d'or, ce temple de l'excès abrite plusieurs casinos et restaurants haut de gamme. *2-4 Avenida de Lisboa, Macao • 853 577666 • www.hotelisboa.com • $$$*

2 Holiday Inn Golden Mile

Au cœur du Golden Mile, quartier commerçant de Kowloon, un hôtel aux nombreux bars et restaurants souvent très abordables, avec des chambres sans imagination mais confortables. Parmi ses prestations : piscine, salle de gym et service de baby-sitting. *50 Nathan Rd, Tsim Sha Tsui • Plan N2 • 2369 3111 • www.goldenmile.com • $$$$*

3 China Hotel Guangzhou

Sans doute surpassé par le tout aussi gigantesque Garden Hotel, il demeure l'un des trois plus grands hôtels de Guangzhou, parfaitement situé à côté du Trade Fair. Grand centre de remise en forme bien équipé, piscine extérieure, plusieurs cafés et restaurants corrects. *Liu Hua Lu, Guangzhou • (8620) 8666 6888 • $$$*

4 Royal Gardens Hotel

Il a vingt ans, mais vieillit bien grâce à un récent lifting. Chambres élégantes et câblées autour d'une cour ensoleillée. Sur le toit, superbe salle de gym, piscine, court de tennis et restaurant italien de classe internationale. *69 Mody Rd, Tsim Sha Tsui • Plan P3 • 2721 5215 • www.theroyalgardenhotel.com • $$$$*

5 Garden Hotel, Guangzhou

La profondeur du hall donne une idée de sa taille. Cet hôtel imposant de plus de 1 000 chambres possède son propre centre commercial, ainsi que des bars et restaurants de qualité. *368 Huangshi Dong Lu, Guangzhou • (8620) 8333 8989 • www.gardenhotel-guangzhou.com • $$$*

6 Park Lane

Chambres de belle taille, la plupart avec vue. Chambres de luxe rénovées, très tendance, avec des salles de bains aux lavabos et murs de verre. *310 Gloucester Rd, Causeway bay • Plan Q5 • 2293 8888 • www.parklane.com • $$$$*

7 Excelsior

Chic, moderne et chaleureux, il dispose de toutes les prestations possibles et attendues dans un établissement de cette classe ; l'égal du *Mandarin Oriental. 281 Gloucester Rd, Causeway Bay • Plan Q5 • 2894 8888 • www.mandarinoriental.com/excelsior • $$$$*

8 Sheraton

Des chambres confortables mais banales. Mérite la catégorie « luxe » pour sa situation, au centre du front de mer, et ses nombreuses installations (salle de gym, piscine, spa et chaînes cinéma 24h/24). *20 Nathan Rd, Kowloon • Plan N4 • 2369 1111 • www.sheraton.com/hongkon • $$$$$*

9 Shangri-La Hotel, Shenzhen

À proximité des quartiers commerciaux et de la gare, un merveilleux refuge après des heures de shopping et un lieu de repos idéal avec sa piscine installée sur le toit, sa salle de gym, son sauna et son hammam. *Shenzhen • Plan D1 • (86 755) 233 0888 • www.shangri-la.com • $$$*

10 Harbour Plaza

Un hôtel merveilleux dont le seul handicap est d'être situé à Hung Hom. Grands lits et salles de bains luxueuses, dont certaines avec vue sur le port. Sur le toit, superbe piscine aux murs de verre. *Hung Hom • Plan Q3 • 2621 3188 • www.harbour-plaza.com • $$$*

Sauf indication contraire, tous les hôtels acceptent les cartes bancaires et disposent de chambres avec baignoire et climatisation.

Gauche **Kowloon Hotel** Droite **Kimberley Hotel**

Catégories de prix

Prix moyen par nuit pour une chambre double standard (avec petit déjeuner s'il est inclus), taxes et service compris.

$	moins de 500 HK$
$$	de 500 à 1 000 HK$
$$$	de 1 000 à 2 000 HK$
$$$$	de 2 000 à 2 500 HK$
$$$$$	plus de 2 500 HK$

TOP 10 Hôtels à prix moyens – Hong-Kong

1 Renaissance Harbour View

Une situation sur le front de mer, au-dessus du Convention and Exhibition Centre, idéale pour les hommes d'affaires. Les autres apprécieront ses jardins, les loisirs qu'il propose et ses prix raisonnables. *1 Harbour Rd, Wanchai • Plan N5 • 2802 8888 • www.renaissancehotels.com • $$$*

2 Kowloon Hotel

Face au Peninsula, moins opulent mais mieux adapté à ceux qui recherchent une bonne situation et une connection internet. Petites chambres high-tech, légèrement démodées, avec ordinateurs et accès au net. *9 Nathan Rd, Tsim Sha Tsui, Kowloon • Plan N4 • 2369 8698 • www.peninsula.com • $$$*

3 Empire Hotel, Kowloon

Ouvert fin 2001, cet hôtel très chic offre un contraste saisissant avec son homologue défraîchi de Wanchai. Salle de gym moderne, piscine dans l'*atrium*, chambres équipées des derniers gadgets internet et audiovisuels. Idéal pour le shopping et les restaurants de TST. *62 Kimberley Rd, Tsim Sha Tsui • Plan N3 • 2685 3000 • www.asiastandard.com • $$$*

4 Kimberley Hotel

Un hall de marbre impressionnant, avec un *business centre*, un bar agréable et un café, autour d'une fontaine et d'un bassin avec des nénuphars. Chambres bien aménagées, salles de bains en marbre, practice de golf. *28 Kimberley Rd, Tsim Sha Tsui • Plan N3 • 2723 3888 • www.kimberley.com • $$$*

5 Regal Airport Hotel

Le plus grand hôtel de Hong-Kong est directement relié à l'aéroport. Chambres spacieuses à la déco avant-gardiste. Dix bars et restaurants. *9 Cheong Tat Rd, Chek Lap Kok • Plan B5 • 2736 0922 • www.regalhotel.com • $$$*

6 Hôtel Miramar

Établissement de haut rang. Malgré sa situation sur Nathan Road, le bruit n'est pas gênant grâce à d'efficaces doubles-vitrages. Salle de gym et piscine modernes et impressionnantes. Belle sélection de restaurants. *118-130 Nathan Rd, Tsim Sha Tsui • Plan N3 • 2368 1111 • www.miramarhk.com • $$$*

7 Imperial Hotel

Imbattable pour sa situation à TST. Chambres correctes à prix raisonnable avec des remises pouvant aller jusqu'à 30 % lorsque le taux d'occupation est faible. Aucune prestation à l'exception d'un petit *business centre*. *30-34 Nathan Rd, Tsim Sha Tsui • Plan N4 • 2366 2201 • www.imperialhotel.com • $$$*

8 Eaton Hotel

De loin la meilleure adresse de Yau Ma Tei-Jordan. Chambres élégantes équipées de fax, accès internet haut débit, baignoire et douche séparées. Hall lumineux et agréable oasis de verdure. *380 Nathan Rd • Plan N1 • 2782 1818 • www.eaton-hotel.com • $$$*

9 New World Renaissance

Chambres convenables avec installations courantes. Malgré la nécessité d'un sérieux lifting, adresse intéressante pour ses prix compétitifs, ses offres spéciales et ses réductions de 50 %. *22 Salisbury Rd, Tsim Sha Tsui • Plan N4 • 2369 4111 • www.renaissancehotels.com • $$$*

10 Bishop Lei International House

Lieu paisible proche d'un parc. Les chambres sont petites (pour le prix) mais on paie la proximité de l'Escalator. Forfaits long séjour. *4 Robinson Rd, Mid-Levels • Plan K6 • 2868 0828 . www.bishopleihtl.com • $$$*

Gauche **Holiday Inn, Macao** Centre **Le Metropole** Droite **New Century Hotel**

TOP 10 Hôtels à prix moyens (Macao et Chine

1 Holiday Inn

Proche des nombreux casinos du Lisboa et bien situé par rapport au centre-ville de Macao. Chambres câblées au mobilier terne, mais prestations multiples : salle de gym, piscine, sauna et bon restaurant de cuisine cantonaise et sechuanaise. *82-86 Rua de Pequim, Macao • (853) 783 333 • www.holiday-inn.com • $$$*

2 Metropole

Un hôtel fatigué, sans intérêt hormis la sensation distrayante d'une plongée dans les années 1970. S'il s'adresse aux chinois plus qu'aux étrangers, il offre des prix intéressants et est situé à proximité des meilleurs sites touristiques de Macao. *70 Av. do Dr Rodrigo Rodrigues, Macao • (853) 780 822 • $$*

3 Hôtel Royal, Macao

Un des plus vieux hôtels de la ville… et ça se voit ! Cela dit, les chambres sont simples mais correctes ; il est propre, dispose d'une piscine intérieure, d'une salle de gym (un peu vieillotte, elle aussi), d'un sauna, et il est proche du centre-ville. Jolie vue sur le phare de Guia. *2-4 Estrada da Vitoria, Macao • (853) 552 222 • www.hotelroyal.com.mo • $$*

4 New Century Hotel

Un hôtel de joueurs typique, avec du chintz et du marbre en pagaille. Pour les autres, et bien sachez qu'il se dresse dans l'ombre du superbe Hyatt, qu'il offre d'excellentes prestations, de grandes chambres et la TV par satellite. *889 Av. Padre Tomas Periera, Taipa, Macao • (853) 831 111 • $$$*

5 Guangdong Victory Hotel

Sur l'île de Shamian, l'ancien hôtel Victoria est composé du bâtiment colonial d'origine et d'un nouveau bâtiment principal néo-classique. Parmi ses atouts, *business centre,* piscine et sauna. *53 Shamian St North, Guangzhou • (8620) 8186 2622 • www.gd-victory-hotel.com • $$*

6 Guangdong Hotel, Shenzhen

Une adresse correcte. Prestations faibles mais les chambres sont simples et confortables. Restaurant modeste, élégant *business centre* de style japonais. *3033 Shannandong Rd, Shenzhen • (86 755) 222 8339 • $$*

7 Century Plaza Hotel

Hôtel convenable au cœur de Shenzhen. Chambres spacieuses et câblées, piscine, sauna, gymnase et karaoké en étage. *Kin Chit Rd, Shenzhen • (86755) 232 0888 • www.szcentury plaza.com • $$$*

8 Landmark Hotel, Shenzhen

Récemment rénové, il offre de multiples prestations de luxe : centre de remise en forme, practice de golf, gymnase et salle internet. *3018 Nanhu Rd, Shenzhen • (86 755) 217 2288 • $$$*

9 Panglin Hotel

Élégant, vaste et moderne, le *Panglin* est l'un des meilleurs hôtels de Shenzhen, situé à environ 4 km de la gare. Chambres de taille raisonnable et câblées, prestations variées : service de navette pour la gare, baby-sitting, room service 24h/24. Le restaurant tournant *Skylounge*, à son sommet, est le plus haut de Shenzhen. *2002 Jiabin Rd, Lowu, Shenzhen • (86 755) 518 5888 • www.panglinhotel.com • $$$*

10 Forum Hotel

Cet établissement correct, doté de sa propre galerie d'art, offre un bon rapport qualité/prix et de bonnes prestations (il appartient au groupe InterContinental), parmi lesquelles quatre restaurants, une salle de gym, une piscine et un sauna. *1085 Heping Rd • (86 755) 558 6333 • www.interconti.com • $$$*

Plans de Macao, Shenzhen et Guangzhou **p. 118, 126 et 130**

Catégories de prix

Prix moyen par nuit pour une chambre double standard (avec petit déjeuner s'il est inclus), taxes et service compris.

$	moins de 500 HK$
$$	de 500 à 1 000 HK$
$$$	de 1 000 à 2 000 HK$
$$$$	de 2 000 à 2 500 HK$
$$$$$	plus de 2 500 HK$

Nathan Road

TOP 10 Hôtels de bon rapport qualité/prix

1 Salisbury YMCA

Ne vous laissez pas décourager par les initiales. Rapport qualité/prix, vue et situation (à deux pas du Peninsula) imbattables. Chambres spacieuses, bien aménagées, équipées de fax, portables, TV câble et satellite. Grande piscine, sauna, salle de gym, mur d'escalade, formidables suites familiales et quelques lits en dortoirs haut de gamme. *41 Salisbury Rd, Tsim Sha Tsui • Plan N4 • 2268 7000 • www.ymcahk.org • $$*

2 BP International House

Des chambres « boîtes à sardines », un papier années 1980 hideux et des lits minuscules. Mais il est propre, bon marché et les vues sur le parc de Kowloon sont jolies. *8 Austin Rd, Tsim Sha Tsui • Plan M2 • 2376 1111 • www.megahotels.com • $$*

3 Wharney

Au cœur du centre chic de Wanchai, un hôtel au cadre décent, avec une piscine, une salle de gym rénovée, un sauna, un *business centre* et quelques restaurants. Les chambres sont un peu petites mais bien aménagées. *57-73 Lockhart Rd, Wanchai • Plan N6 • 2861 1000 • www.wharney.gdhotels.net • $$$*

4 Wesley

Sans conteste le parent pauvre du groupe des Grand Hôtels, sauvé par sa situation centrale et ses tarifs compétitifs. Installations fatiguées, chambres exiguës, un seul petit café, ni salle de gym ni piscine. *22 Hennessy Rd, Wanchai • Plan N6 • 2866 6688 • $$*

5 Garden View International House

Étant donné sa situation, ses prix sont raisonnables, d'autant plus si l'on y séjourne longtemps (deux semaine et plus). Possibilité de remises de 30 à 50 % en basse saison, mais déco style années 1980 déprimante et petites chambres. *1 Macdonnell Rd • Plan K6 • 2877 3737 • $$$*

6 Shamrock

Un hall austère sur Nathan Road et quelques grandes chambres climatisées avec TV satellite et téléphone, desservies par des ascenseurs négligés. *23 Nathan Rd • Plan N4 • 2735 2271 • $$*

7 Harbour View International Hotel

Une YMCA modeste tenue par des Chinois qui font payer très cher sa situation étant donné la qualité des chambres. Baignoires pour lilliputiens ; possibilité de remises pendant la basse saison. *4 Harbour Rd, Wanchai • Plan N5 • 2802 0111 • $$$*

8 2 Macdonnell Road

Bien situé dans Central, cet hôtel d'un excellent rapport qualité/prix dispose de chambres agréables, bien équipées, avec kitchenette, et de superbes vues sur la ville et le port, au-delà des Jardins zoologique et botanique. Forfaits longue durée *(p. 153)*. *2 Macdonnell Rd, Central • Plan K6 • 2132 2132 • $$$*

9 Empire Hotel

Au cœur de Wanchai, l'*Empire Hotel* fait payer sa situation plus que le luxe de ses prestations, comme le rappelle sans cesse la saleté de ses installations bon marché. En revanche, il offre des prix compétitifs, un service satisfaisant, et possède une piscine sur le toit, petite mais correcte, et une salle de gym. Accès au net. *33 Hennessy Rd, Wanchai • Plan N6 • 2866 9111 • $$*

10 Rosedale on the Park

Un des hôtels les plus récents de Hong-Kong, au style très personnel ; soigné, moderne, doté de la technologie dernier cri. Chambres petites mais bien agencées, et connectées. *8 Shelter St, Causeway Bay • Plan Q6 • 2127 8888 • www.rosedale.com • $$$*

Sauf indication contraire, tous les hôtels acceptent les cartes bancaires et disposent de chambres avec baignoire et climatisation.

Gauche **Plover Cove** Droite **Les célèbres Chungkin Mansions**

Top 10 Hébergements bon marché

1 Anne Black Guest House

Si la situation vous importe peu, la Anne Black Guest House, tenue par le YMCA et perdue à Mongok, est une bonne adresse. Les chambres (certaines avec salle de bains commune) sont rudimentaires mais propres et climatisées. TV et téléphone. *5 Man Fuk Rd, Kowloon • Plan E4 • 2713 9211 • www.ywca.org • $$*

2 Booth Lodge

Tenu par l'Armée du Salut, un hôtel aux chambres climatisées avec douche, frigo, bain et TV ; la prestation est limite, mais compensée par les prix et la situation. *11 Wing Sing Lane, Yau Ma Tei, Kowloon • Plan N1 • 2771 9266 • www.boothlodge.salvation.org • $$*

3 Caritas Bianchi Lodge

Comme au Booth Lodge voisin, les seules distractions y sont la chapelle et le café-restaurant. Mais les prix sont plus intéressants et les chambres spacieuses. *4 Cliff Rd, Yau Ma Tei, Kowloon • Plan N1 • 2388 1111 • $$*

4 New Kings Hotel

Bien situé mais dans un quartier bruyant et hétéroclite. Les chambres sont propres mais petites, et la vue dénuée de charme. *473 Nathan Rd, Yau ma tei, Kowloon • Plan N1 • 2780 1281 • $$*

5 Holy Carpenter Guest House

Situé à Hong Hum, mais un bon choix comparé aux pensions bas de gamme des Changking et Mirador Mansions. Les chambres doubles et triples, basiques, sont équipées de TV, téléphone, salle de bains, douche et climatisation. *1 Dyer Ave, Hung Hom, Kowloon • Plan R2 • 2362 0301 • $$*

6 Bradbury Hall Hostel

Un hôtel perdu, avec des dortoirs comme à l'armée. Si vous avez une tente, marchez un peu et allez vous installer sur les jolies plages voisines de Tai Long Wan. *Chek Keng, Sai Kung, Nouveaux Territoires • Plan F3 • 2328 2458 • $*

7 Bradbury Lodge Youth Hostel

Auberge très agréable, pour ceux qui veulent explorer les magnifiques paysages de Plover Cove. Chambres simples, doubles ou triples et dortoirs climatisés. *Tai Mei Tuk, Nouveaux Territoires • Plan F2 • 2662 5123 • $*

8 Pak Sha O Hostel

Situé au cœur de la nature, un hôtel fonctionnel pour randonneurs. Dortoirs, vues fantastiques et possibilité d'y camper. *Pak Sah O, Hoi Ha Rd, Nouveaux Territoires • Plan F2 • 2328 2327 • $*

9 Sze Lok Yuen Hostel

Au sommet du Tai Mo Sham, la plus haute montagne de Hong-Kong. Pour les randonneurs, vues spectaculaires mais dortoirs rudimentaires sans ventilateurs ni climatisation. À cette altitude, il fait plus frais qu'ailleurs, sauf pendant les mois les plus chauds. Camping possible. *Tai Mo Shan, Tseun Wan, Nouveaux Territoires • Plan D3 • 2488 8188 • $*

10 Chungking House, Chungking Mansions

Parfaitement situés. Certains voyageurs à petit budget mettent un point d'honneur à y résider. Pour d'autres, ce séjour se résume à une nécessité désagréable *(p. 82)*. Des corridors sales et minables mènent à une succession de pensions bon marché aux chambres minuscules et étouffantes. Ce labyrinthe de petits commerces, cœur du brassage culturel de Hong-Kong, est à la fois fascinant et oppressant. Avec des chambres plus spacieuses et confortables, Chungking House est la meilleure adresse du coin. *Bloc 4A/5F, 40 Nathan Rd, Tsim Sha Tsui • Plan N4 • 2366 5362 • $$*

Sauf indication contraire, tous les hôtels acceptent les cartes bancaires et disposent de chambres avec baignoire et climatisation.

Repulse Bay

Catégories de prix

Prix moyen par nuit pour une chambre double standard (avec petit déjeuner s'il est inclus), taxes et service compris.	
$	moins de 500 HK$
$$	de 500 à 1 000 HK$
$$$	de 1 000 à 2 000 HK$
$$$$	de 2 000 à 2 500 HK$
$$$$$	plus de 2 500 HK$

TOP 10 Hôtels de long séjour

1 22 Peel St

Un immeuble moderne, situé dans le centre, au-dessus d'un marché animé, avec des studios douillets et des appartements spacieux, joliment meublés. Grands lits, femme de ménage pour 250 HK$, accès internet mensuel haut débit, illimité. *22 Peel St, Central • Plan K5 • 2522 3082 • 23 000 à 50 000 HK$ par mois*

2 Wesley

Central, offrant des séjours longue durée très compétitifs, mais avec des installations fatiguées et des chambres exiguës. Appels locaux, ménage, kitchenette et utilisation de la piscine et de la salle de gym de l'hôtel jumeau de Quarry Bay compris dans le forfait. *22 Hennessy Rd, Wanchai • Plan N6 • 2866 6688 • 7 800 à 25 000 HK$ par mois*

3 2 Macdonnell Road

Il est beaucoup plus chic que le Garden View voisin, et les séjours longue durée y sont à peine plus chers. Bonne situation, vues sur la ville et le port, et forfait incluant ménage, appels locaux, salle de gym, câble et satellite, kitchenette et navette pour Central. *2 Macdonnell Rd, Central • Plan K6 • 2132 2132 • 16 500 à 25 000 HK$ par mois*

4 Atrium

Un service digne d'un cinq-étoiles. Appartements de grand standing joliment meublés, centre de remise en forme, piscine extérieure chauffée et room service 24h/24. Domine Pacific Place et jouit de vues sublimes sur la ville. *Pacific Place, 88 Queensway • Plan M6 • 2844 8361 • 43 000 à 105 000 HK$ par mois*

5 Repulse Bay

Des appartement en duplex haut de gamme, situés sur la paisible Repulse Bay, à seulement 20 minutes de Central. Apparemment un bon *feng shui*, grâce au trou pratiqué dans l'une de ses tours. *Repulse bay • Plan E5 • 2812 7405 • www.therepulsebay.com • 65 000 à 80 000 HK$ par mois*

6 Bay Bridge

Des studios et des appartements charmants avec douche et kitchenette, mais situés à Tsuen Wan ; à éviter, donc, pour ceux qui rêvent de vivre au cœur de l'action. *123 Castle Peak Rd, Yau Kom Tau, Tsuen Wan, Kowloon • Plan D3 • 2945 1111 • 6 800 à 12 500 HK$ par mois*

7 Staunton

Ces petits studios et appartements d'une ou deux pièces, accueillants, bien équipés, sont à deux pas de l'Escalator et de ses bars et restaurants. Installations stylées, teintées de touches décoratives de style chinois. *Staunton St, Central • Plan K5 • 2522 3082 • 18 000 à 25 000 HK$ par mois*

8 Garden View International House

À partir de deux semaines, séjours longue durée très intéressants incluant ménage, appels locaux gratuits et navette pour Central. Mais décoration années 1980 usée et chambres étroites. *1 Macdonnell Rd • Plan K6 • 2877 3737 • 1 000 HK$ • $$$*

9 Rosedale on the Park

Un hôtel flambant neuf à deux pas des magasins de Causeway Bay et du Victoria Park. Les chambres sont petites mais bien conçues. Connection internet haut débit, kitchenette et petite salle de gym. *8 Shelter St, Causeway Bay • Plan Q6 • 2127 8639 • 14 500 HK$ par mois*

10 La Salle Court

Studios et appartements (une ou deux pièces) équipés de TV, frigo, cuisinière et four. Ni piscine ni salle de gym mais une piscine publique dans le parc voisin. *30 La Salle Rd, Kowloon Tong • Plan E4 • 2338 3899 • 7 000 à 28 000 HK$ par mois*

Catégories de prix

Prix moyen par nuit pour une chambre double standard (avec petit déjeuner s'il est inclus), taxes et service compris.		
	$	moins de 500 HK$
	$$	de 500 à 1 000 HK$
	$$$	de 1 000 à 2 000 HK$
	$$$$	de 2 000 à 2 500 HK$
	$$$$$	plus de 2 500 HK$

Gauche **Warwik** Droite **Restaurant du Harbour Plaza**

TOP 10 Escapades

1 Hong Kong Coast Hotel

Pas terrible vu de l'extérieur et vous n'y nagerez pas dans des eaux de cristal, mais ses chambres sont bien équipées et jouissent toutes d'une vue sur la mer. Piscine, courts de tennis et piste de jogging. *N° 1 Castle Peak Rd, Kowloon • Plan B3 • 2452 8888 • 1 250 HK$ • $$$*

2 Warwick

Comparée aux prix pratiqués en ville, une adresse bon marché. L'unique grand hôtel de l'île magique de Cheung Chau offre de très belles vues sur la mer, près des plages où se louent planches de surf et kayaks. Belles promenades sur la côte autour du cap. Mais mobilier banal et façade évoquant un édifice municipal des années1960. *East Bay, Cheung Chau • Plan C6 • 2981 0081 • $$*

3 Harbour Plaza Resort City

Dans les Nouveaux Territoires, un lieu idéal pour s'échapper. Nombreuses prestations sportives et loisirs : salles de cinéma et de gym, boutiques, divers terrains de sports, restaurants chinois et internationaux, sites historiques et naturels. Salon et kitchenette dans toutes les chambres. *18 Yin Yan Rd, Tin Shui Wai, Nouveaux Territoires • Plan C2 • 2180 6688 • $$*

4 Jockey Club Mount Davis Youth Hostel

Au sommet du Mount Butler, à l'ouest de l'île de Hong-Kong, un bel hôtel propre et accueillant, idéal pour les aventuriers à petit budget. S'y rendre en taxi. *Mount Davis Path, Kennedy Town • Plan D5 • 2817 5715 • $*

5 Concerto Inn

Des chambres modestes mais propres, climatisées, avec TV et mini-bar, près du célèbre Han Lok Yuen, restaurant spécialiste du pigeon *(p. 117)*. Parfait le temps d'une nuit sur l'île verdoyante, sans gratte-ciel, de Lamma. *Hung Shing Ye, île de Lamma • Plan D6 • 2982 1668 • $$*

6 White Swan Hotel

Sur l'île somnolente de Shamian, surplombant la rivière des Perles, un hôtel important mais charmant, idéal pour un moment de paix à Guangzhou. Chambres élégantes avec grands lits. *1 Southern St, île de Shamian, Guangzhou • (8620) 8188 6968 • $$$*

7 Pousada de Sao Taigo

Une ancienne forteresse portugaise du XVIIe siècle creusée dans la roche reconvertie en luxueuse auberge de charme, avec vue sur la baie et la Chine. Dans les chambres, jolie déco portugaise un peu chargée. *Av. de Republica, Fortaleza de Sao Tiago de Barra, Macao • 378 111 • $$$*

8 Westin Macao

Une escapade très agréable. Toutes les chambres disposent d'une terrasse avec vue sur la mer. Petite plage de sable et golf de 18 trous où a lieu l'Open de Macao. Practice sur l'océan pour travailler son swing avec des balles flottantes ! *1918 Estrada de Hac Sa, île de Coloane, Macao • 871 111 • $$$*

9 Hyatt Regency, Macao

Superbe hôtel familial, convivial, parfait pour les vacances. Jolies chambres de style portugais avec vue sur la mer et déco minimaliste teintée d'orientalisme. Sublimes desserts et pâtisseries maison. *2 Estrada Almirante, île de Tapia, Macao • 831 234 • www.hyatt.com • $$$*

10 Pousada de Coloane

Minuscule et perdu au fin fond de l'île de Coloane, cet hôtel surplombe une belle plage. Jolie terrasse, piscine et séduisant bar-restaurant de style portugais. Les chambres sont un peu fatiguées mais bien équipées. *Plage Chok Van, île de Coloane, Macao • 882 143 • $$*

Sauf indication contraire, tous les hôtels acceptent les cartes bancaires et disposent de chambres avec baignoire et climatisation.

Index général

Les numéros de pages en **gras** renvoient aux entrées principales.

Remerciements

Les auteurs
Jason Gagliardi, écrivain de voyage *freelance*, partage son temps entre Hong-Kong et Bangkok ; Liam Fitzpatrick travaille pour le *Hong Kong Tourist Board* et vit à Londres ; Andrew Stone est un écrivain de voyage *freelance* basé à Hong-Kong.

Édité par Blue Island Publishing, Highbury, London
Direction éditoriale : Rosalyn Thiro
Direction artistique : Stephen Bere
Recherche illustration : Ellen Root
Avec la collaboration de : Amaia Allende
Correction et index : Michael Ellis
Lecture-correction : Emily White

Photographes
Nigel Hicks, Chris Stowers

Photographes adjoints
Dave King, Steven Lam, David McIntyre, David Murray, Jules Selmes, Paul Williams

Iconographie : Lee Redmond

Cartographie : James Macdonald, Mapping Ideas Ltd

CHEZ DORLING KINDERSLEY :
Directrice de publication : Kate Poole
Directrice artistique : Marisa Renzullo
Directeur de publication adjoint : Gillian Allan
Éditeur : Douglas Amrine
Coordinateurs cartographie : Casper Morris
DTP : Jason Little, Conrad van Dyk
Production : Sarah Dodd

Crédits photographiques
L'éditeur tient à remercier toutes les personnes lui ayant donné l'autorisation de photographier les musées, hôtels, restaurants, bars, clubs, casinos, magasins, galeries et autres sites apparaissant dans ce guide.

h = haut ; hg = en haut à gauche ; hd = en haut à droite ; hc = en haut au centre ; hcd = en haut au centre à droite ; c = au centre ; hc = en haut au centre ; hcg = en haut au centre à gauche ; bc = en bas au centre ; cd = au centre à droite ; b = en bas ; bg = en bas à gauche ; bd = en bas à droite ; g = à gauche

CORBIS : Bettmann 30hc/bg ; Horace Bristol 30bd ; Adam Woolfitt 119h.

Avec l'aimable autorisation du HARBOUR PLAZA : 154hc ; NIGEL HICKS : 8-9, 44hc/bd, 47hg, 72hc, 78-9, 102hd, 110-1 ; HONG KONG HERITAGE MUSEUM : 7ch, 20hd, 21dh ; HONG KONG TOURISM BOARD : 8g, 14hg/b, 28c, 30hg, 32hg/hc/hd/c/b, 33hg/hc/hd/bg, 34c, 35h, 36hg/hc/hd/c/b, 37hg/hd/cdh/cd/bdh/bd, 40hc/hd, 44hg/hd/c/bg, 46hd, 50hc, 72hg, 80hg/c, 83hg, 103hd/cd, 116hd, 137hg, 138hg, 139hg/hc/hd, 141hg/hc/hd, 142hg, 143hd, 144hg, 145hd/hd, 146hg/hc, 148hd.

Avec l'aimable autorisation du ISLAND SHANGRI-LA : 147hg.

Avec l'aimable autorisation du KIMBERLEY HOTEL : 149hc ; KOWLOON HOTEL : 149hg.

Avec l'aimable autorisation du MANDARIN ORIENTAL HOTEL : 147hc ; MACAU GOVERNMENT TOURIST OFFICE :137hc, 150hg/hc/hd.

NATIONAL MARITIME MUSEUM, London : 30c.

PANOS PICTURES : Chris Stowers 3hd, 8b, 14hd, 18-19, 19h, 30hd, 31h, 34hd, 38bd, 63hg, 66c/hd, 75hd, 88hg, 152hd ; avec l'aimable autorisation du PENINSULA HOTEL : 146hd.

Avec l'aimable autorisation du SHERATON HONG KONG : 148hc.

Avec l'aimable autorisation du WARWICK HOTEL : 154hg.

Couverture : photos de commande à l'exception de CORBIS : Bohemian Nomad Photographes/Kevin R. Morris Plat 1 hc ; Morton Beebe, S.F. Plat 1 c ; Dave G. Houser Plat 1 b ; Wolfgang Kaehler Plat 4 hg ; Reed Kaestner Plat 1 image principale ; Kelly-Mooney Photography Plat 1 ch ; James Marshall Plat 4 hd et hc.

Toutes les autres photographies sont de © Dorling Kindersley. Pour plus d'informations, consultez www.dkimages.com.

Crédits cartographiques
Cartographie de Bartholomew Digital Database, www.bartholomewmaps.com.